环球100

户外天堂

探险之旅编委会　编著

北京出版集团
北京出版社

图书在版编目（CIP）数据

户外天堂 / 探险之旅编委会编著. — 北京 ：北京出版社，2020.8
（环球100）
ISBN 978-7-200-15622-5

Ⅰ.①户… Ⅱ.①探… Ⅲ.①旅游指南 — 世界 Ⅳ.①K919

中国版本图书馆CIP数据核字(2020)第101434号

环球100
户外天堂
HUWAI TIANTANG

探险之旅编委会 编著
*
北 京 出 版 集 团
北 京 出 版 社 出版
(北京北三环中路6号)
邮政编码：100120

网　　址：www.bph.com.cn
北京出版集团总发行
新 华 书 店 经 销
北京瑞禾彩色印刷有限公司印刷
*
710毫米×1000毫米　16开本　16印张　360千字
2020年8月第1版　2020年8月第1次印刷
ISBN 978-7-200-15622-5
定价：52.80元
如有印装质量问题，由本社负责调换
质量监督电话：010-58572393

前　言

　　不知道你是否与我一样，有唯美情结。每当看到动人的景色，总是留恋不已；对于美丽的风景，总是毫无抵抗力。只要它轻轻的一个眼神，就让我沉浸在那温柔甜蜜的港湾之中。是的，千百次的回眸也不过是想留住那些唯美纯真的东西，哪怕是不经意的一瞥，也依旧能留下最深刻的记忆。

　　走进每一个景色迷人的地点，踏入每一个绚丽夺目的人间天堂，唯一能做的就是尽情地拥抱这美轮美奂的风景，才不会辜负大自然的馈赠。动与静的结合，总是能将风景的迷人之处发挥得淋漓尽致，它内在的韵味也得到了最完美的诠释。

　　单单是漫步欣赏、用相机定格每一个柔美的瞬间，多少会让人觉得有点欠缺。是的，每一个景点，总是有不同角度的美，或许只有你从不同的角度去欣赏它，它才会带给你意想不到的惊喜。无论你是沉醉于海底世界的神奇，还是爱上了冰雪世界的高雅，抑或是迷恋上了蹦极、跳伞的刺激，每一项运动都能带给你感官与身体上的完美享受，一项看似平凡无奇的运动，却能在不同的地方演绎出不同的韵味，这就是户外天堂的魅力所在。

　　每一次的极限运动都是与美景最完美的邂逅，演绎出最完美的篇章。蹦极可以让你体会到从高空坠落的刺激与爽快，在高山与海洋的壮美之中释放身体的每一个细胞；潜水可以让你看到海底世界的唯美与神奇，在朦胧别致的海景之中畅游，此时你便是大海中的一条鱼，体验着与众不同的人生；滑雪可以让你体会到冰雪世界外在冷酷、内心狂热的酣畅，从峰顶呼啸而过，只为拥抱这高洁优雅的青春。

爱上唯美别致的景色，往往在一瞬间；爱上这极限运动，便也只需一瞬间。每一次的挑战都只愿不辜负这迷人的景色，每一次极限运动只想诠释内心对每一寸风景的热爱，这就是人生，总是在不断地挑战中赢得成功。我只愿尽情地享受这般美景，用运动去诠释人生的真谛，去体验每一寸风景的内涵。让我们开始这段全新的旅程，来一场完美幸福的邂逅。让我们将所有的美好都定格在这一瞬间，让这一刻成为永恒。只愿静静地与美景相拥，将这人生的浪漫与辉煌拥入怀中。

目录 CONTENTS

第一章 蹦极胜地

001 　皇后镇 / 012
　　　蹦极发源于这里

002 　布劳克朗斯大桥 / 015
　　　举世闻名的蹦极胜地

003 　维多利亚瀑布大桥 / 017
　　　最壮丽的蹦极胜地

004 　韦尔扎斯卡大坝 / 019
　　　变身詹姆斯·邦德

005 　澳门旅游塔 / 021
　　　眺望远方的大陆

006 　最后的圣地 / 024
　　　扎进奔腾的河水中

007 　蒙特韦尔德极限公园 / 026
　　　雾林中的飞人

008 　欧洲大桥 / 029
　　　穿越阿尔卑斯山脉之旅

009 　尼欧克大桥 / 032
　　　在山与河之间翱翔

第二章 高空展翅

010 　迪拜棕榈岛跳伞区 / 036
　　　尽览奢华景象

011 　因特拉肯跳伞区 / 038
　　　令人惊叹的美

012 　凯恩斯跳伞区 / 040
　　　美景的饕餮盛宴

013 　波科诺山 / 042
　　　跳伞人数最多的跳伞区

014 　开普敦跳伞区 / 045
　　　饱览"母亲之城"

015 　佛罗里达跳伞区 / 047
　　　翱翔在海洋上空

016 　迪亚尼跳伞区 / 049
　　　每一跳都降落在沙滩上

017 　帕劳 / 051
　　　高空中邂逅蓝与绿

018 　新河峡大桥 / 054
　　　一年一度的跳伞节

019 　陶波湖 / 057
　　　高空双人跳伞胜地

第三章
云端漫步

- 020 卡帕多奇亚 / 062
  热气球之旅
- 021 蒲甘 / 064
  热气球下的佛塔如林
- 022 托斯卡纳 / 067
  飞翔在艳阳之下
- 023 昆士兰 / 069
  热气球爱好者的胜地
- 024 马赛马拉国家公园 / 071
  俯瞰动物狂欢
- 025 新墨西哥州 / 073
  最美的十月天空
- 026 布里斯托尔 / 076
  拥有30多年历史的热气球节
- 027 佐贺县 / 078
  亚洲热气球之乡
- 028 魁北克省 / 080
  承载着你的城堡梦
- 029 阿尔卑斯山脉 / 083
  将冰川尽收眼底
- 030 莱比锡 / 086
  飞跃城市上空
- 031 台湾热气球嘉年华 / 088
  趣味与美景一个都不能少

第四章
岩壁芭蕾

- 032 "船长峰" / 092
  攀岩者的极限挑战
- 033 芒特索尔悬崖 / 094
  最纯粹的垂直岩壁
- 034 罗赖马山 / 096
  寻找"失落的世界"
- 035 鬼怪峰 / 098
  冰川间的足迹
- 036 百内塔主峰 / 100
  无法抗拒的魅力
- 037 马特洪峰 / 102
  坠落之殇
- 038 拖雷山 / 105
  攀岩者的荣耀
- 039 "无名塔"峰群 / 107
  世界上最长的攀岩路线
- 040 莱雷海滩 / 110
  岩壁上的舞蹈

第五章 浪花之舞

041 马德莱纳群岛 / 114
性感的激流大回旋

042 夏威夷 / 116
最刺激的冲浪胜地

043 温哥华岛 / 118
在最好的季节去冲浪

044 阿加迪尔海滩 / 121
冲浪初学者的最爱

045 费尔南多-迪诺罗尼亚岛 / 123
冲浪全年无休

046 拜伦湾 / 125
冲浪嘻哈风

047 比亚里茨 / 127
皇室也爱的冲浪小镇

048 湘南 / 129
太平洋的澎湃海浪

049 梅曾贝赫 / 131
一场极致刺激的梦

050 卢阿岛 / 133
珊瑚礁上的浪花

051 黄金海岸 / 135
冲浪者的天堂

052 加勒比海 / 138
惊险刺激的风筝冲浪

053 骷髅海岸 / 140
沙漠与浪花的交响曲

054 棕榈滩 / 142
富豪最爱的户外运动地

055 蝎子湾 / 144
冲浪爱好者的"成人仪式"

056 塔马林多海滩 / 146
越刺激越开心

第六章 激流勇进

057 科罗拉多河 / 150
体验漂流探险

058 赞比西河 / 152
激发你的肾上腺素

059 尼泊尔 / 154
漂流爱好者的天堂

060 瑞诗凯诗 / 156
漂荡在恒河之源

061 阿勇河 / 158
够胆你就来

062 沙巴 / 161
体验生死一瞬

第七章 海中潜行

- 063 **大溪地** / 166
  世界潜水胜地之首
- 064 **大堡礁** / 168
  与野生动物合影
- 065 **皮皮岛** / 170
  超划算的水上乐园
- 066 **军舰岛** / 172
  到处都是潜水点
- 067 **斐济** / 174
  在水族馆中迷失
- 068 **马尔代夫** / 177
  黑夜潜游
- 069 **毛里求斯** / 179
  拥抱大海的温暖
- 070 **宿雾** / 181
  "南方皇后市"
- 071 **蓝壁海峡** / 183
  全球最佳潜水点之一
- 072 **红海** / 185
  年轻而热情的海洋
- 073 **诗巴丹** / 187
  艺术品般的潜水天堂
- 074 **基拉戈海滩** / 189
  潜入朱尔斯的海中小屋

第八章 群山之巅

- 075 **落基山脉** / 194
  北美洲的"脊梁"
- 076 **乞力马扎罗山** / 196
  闪闪发光的天堂大门
- 077 **珠穆朗玛峰** / 198
  地球之巅
- 078 **勃朗峰** / 200
  "大自然的宫殿"的主峰
- 079 **玉龙雪山** / 202
  纳西族人心中的圣地
- 080 **乔戈里峰** / 204
  世界上第二高峰
- 081 **冈仁波齐峰** / 206
  未被征服的圣地

第九章
冰雪奇缘

082　**圣莫里茨** / 210
　　滑雪运动者的天堂

083　**霞慕尼** / 212
　　优美的滑雪胜地

084　**拉普拉涅** / 214
　　伸手就是天堂

085　**太浩湖** / 216
　　净化心灵的旅程

086　**霍萨国家公园** / 219
　　与冰雪起舞

087　**拉普兰德** / 221
　　与圣诞老人邂逅

088　**格陵兰** / 223
　　狗拉雪橇极地狂奔

089　**瓦尔迪兹** / 225
　　体验垂直降落的快感

090　**二世谷滑雪区** / 228
　　北海道的情书

091　**丝绸之路国际滑雪场** / 230
　　纵情滑雪

092　**南极** / 232
　　勇敢者的游戏

第十章
环球徒步

093　**安奈普尔纳** / 236
　　雪山之下的大环线

094　**苏格兰高地** / 239
　　不协调中的优雅跋涉

095　**塔拉曼卡山脉** / 242
　　梦幻森林中的远足

096　**巴塔哥尼亚** / 244
　　用脚步拥抱智利

097　**雷恩施泰克** / 247
　　德国最美徒步路线

098　**米尔福德步道** / 249
　　跨越世纪的美景

099　**不丹** / 251
　　探秘最幸福的国度

100　**冰岛** / 253
　　冰川上的漫步

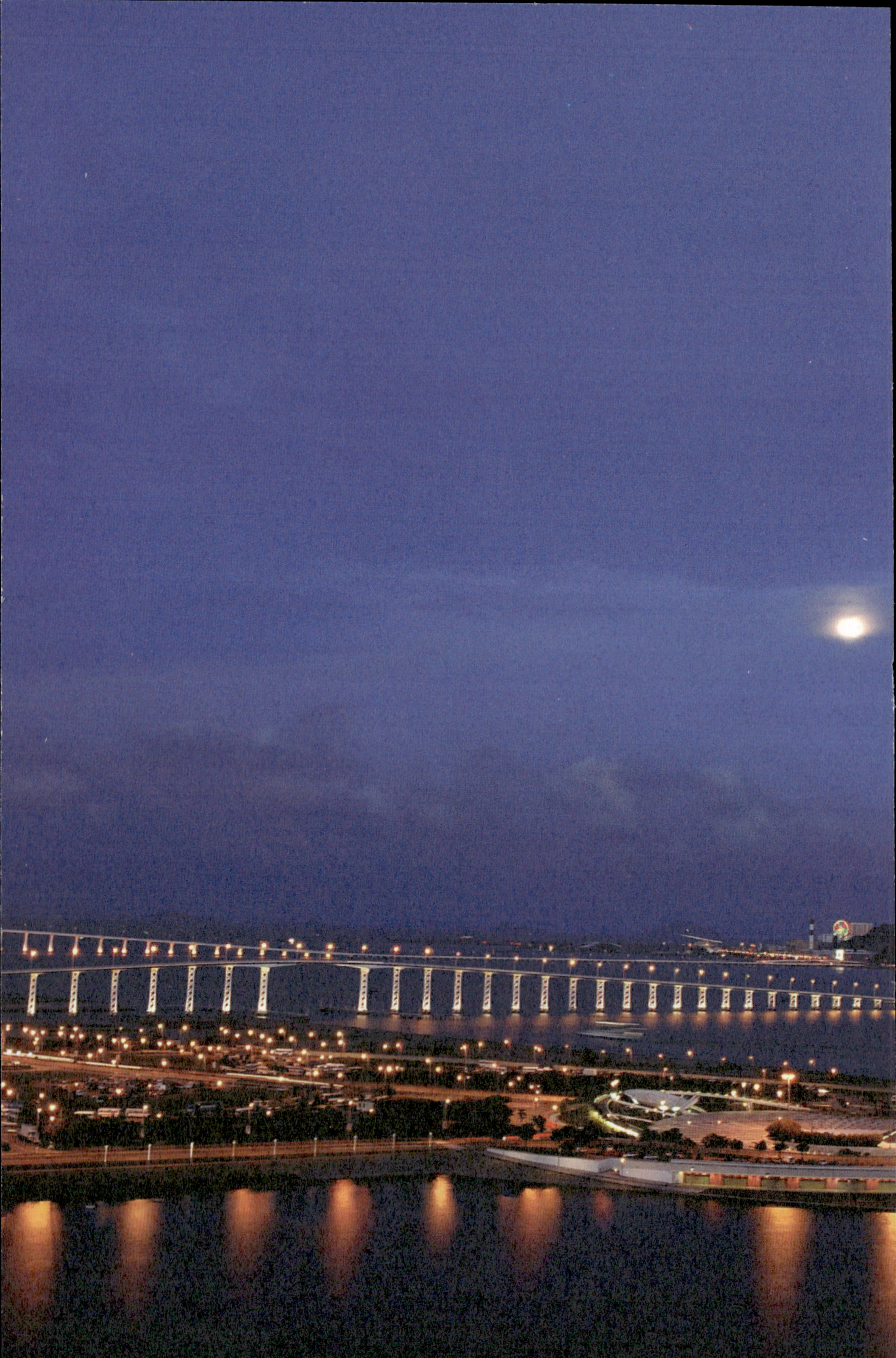

第一章

蹦极
胜地

每一次极限挑战
都是对生命的一次诠释，
每一次俯瞰世界
都会有一些全新的收获。
从高处坠落的刹那
便感受了这运动的真谛，
只愿将人生交给这唯美的风景，
尽情徜徉在浪漫的世界之中，
在这美轮美奂的人间天堂，
跳一段惊世绝伦的探戈。

环球100 / 户外天堂 / 012

001

皇后镇

蹦极发源于这里

关键词：仙境、蹦极发源地
国别：新西兰
位置：南阿尔卑斯山脉腹地

此景只应天上有，人间能得几回见？风景之纯、之美，只有雍容华贵的维多利亚女王才配得上，这里就是『皇后镇』。

　　皇后镇优雅地坐落于瓦卡蒂普湖与阿尔卑斯山脉的环抱之中，蓝蓝的湖水延伸到天际构成了天空的倒影；朵朵白云好像是山丘戴在头上淘气的毛毡帽，忽而隐去了山丘的棱角，忽而远远地飘在了一边，和小山玩起了捉迷藏的游戏；而阵阵微风则是这场游戏的主人。湖光山色，水天相接，皇后镇充满轻盈迷离的诱惑，让你在这童话般的仙境中物我两忘、神与物游。

○ 喷射快艇——享受在山林间清澈水域疾行的速度感

仿佛大自然格外偏爱这片土地，如果你在秋季来到皇后镇，可以靠在路边的长椅上微微眯眼。原始的自然风情融合本土的毛利文化，黛色的远山映衬着偶尔泛起涟漪的湖面，清爽的空气中弥漫着阳光的味道，远方的雾气萦绕着静谧安详的小镇，飘落的黄叶邀你跳一支回旋舞，眼前的一切让你感到美得那么不真实。你只想这样静静地坐着，用片刻的宁静治愈旅途的疲乏。

当然了，迷人的风景自然备受大导演的青睐，皇后镇也成为《魔戒》《霍比特人》等好莱坞大片的外景取景地，每年都吸引了无数的影迷前来追寻自己心中神秘的中土世界。

欣赏了美丽的自然风光，接着就来舒展身体，和大自然来个亲密接触吧。爱冒险、探索未知的事物是人类的天性，而在皇后镇这个世界极限运动之都，无论如何你都不能错过的就是高空蹦极了。只有在蹦极运动的发源地——卡瓦劳大桥上亲自体验一把，你才会真正明白这项运动为何被称为勇敢者的游戏。

◉ 走在皇后镇充满异国风情的街道上，优哉游哉

◉ 蹦极——在一片美丽景致中，享受重力加速度所带来的冲击

开始坠落的一瞬间，身体腾空失重，迅速上升的肾上腺素让你感到无比紧张，但若像一只小鸟一样纵情忘我地把自己交付到空中，用你的耳朵感受风的流动、气流的猛烈冲击，处于快速自由落体状态中的你会忘记一切；很多人会把这一瞬间和跳楼联系起来，的确，尽管已经绑好了安全装置，但在最开始跳下的时候你感觉不到任何的牵引力量，只能体会自己沉重的身体在不断地下坠。直到"被遗忘"的保护带突然把你拉起来，再掉下去，再拉起来……在皇后镇蹦极，你还能享受到独特的"水面蹦极跳"。你可以选择在弹跳的时候如蜻蜓点水一般轻触水面，也可以完全沉浸水中，怎么跳你说了算。蹦极最精

◉ 皇后镇上有很多家餐厅,特色美食是烧羊肉与酥皮卷,值得一试

彩、最刺激的就是掉下去的那一刻,在美丽的皇后镇"长空任鸟飞",欣赏这一片湖光山色。曲折蜿蜒的河流如同丝带缠绕着大地,成了一抹抹翡翠蓝;绵延不断的山丘在阳光的照耀下静静等待夕阳,仿佛一个经历了世事沧桑的老人在垂暮之年倾吐人生。微微抬起头,你就会发现自己在云层中穿行、在蓝天里沉醉,如同身处人间天堂。

"我见青山多妩媚,料青山见我应如是。"如果说皇后镇的经历能让你收获什么,那就是能抛却生活的一切压力和大自然融为一体。整理思绪,准备在这美丽的伊甸园中不醉不归吧。

温馨提示

❶ 游客要在导游的带领下参观,不要私自出行。

❷ 早晚温差大。即使在夏季,如果早出晚归,一定要带件外套。

布劳克朗斯大桥是蹦极者的天堂,在这里不仅可以领略到美不胜收的风景,更可以挑战自我。这里是勇敢者的天堂,无论是谁,都可以尽情地释放自我。

布劳克朗斯大桥

举世闻名的蹦极胜地

关键词:举世闻名、骇人的高度　　国别:南非
位置:东开普省齐齐卡马山中

　　布劳克朗斯大桥,这座举世闻名的蹦极大桥横亘在南非东开普省齐齐卡马山中。在这里,没有国别之分,没有年龄之分,只要你有一颗想要挑战自我的心,布劳克朗斯大桥随时向你敞开它的怀抱。

　　布劳克朗斯大桥贯穿齐齐卡马大峡谷,它就像是这个大峡谷派遣的使者,张开怀抱迎接每一个勇气可嘉的人。在南非的这个自然花园中,布劳克朗斯大桥的雄伟与齐齐卡马森林的静谧相得益彰。走在这座一眼望不到头的长桥上,只需要安静地享受着扑面而来的清

布劳克朗斯大桥建在美丽悠长的大峡谷中

森林里可爱的蹄兔

凉，只需要沉醉在这祥和安宁的世外桃源之中。这里是勇士的天堂，是见证奇迹的地方。

春天的布劳克朗斯大桥充满活力，处处鸟语花香，齐齐卡马森林的每一个生命已经按捺不住，想要尽情地释放自己来证明自己才是真正的勇士；夏天的布劳克朗斯大桥显得沉稳了许多，它享受着远处吹来的海风，伴随着海浪一次次拍打岸边的声音为每一位蹦极者呐喊加油；秋天的布劳克朗斯大桥是魅力四射的，这个季节的齐齐卡马森林绚烂多彩，火红的枫叶在空中为每一位蹦极者跳着优雅的开场舞，整个森林都在屏气凝神，等待着勇士的纵身一跃；冬天的布劳克朗斯大桥是最耐人寻味的，你可以说它已经沉睡，但是它又每时每刻给予人们勇气，告诉每一个到来的人不要怯懦。

日落时的布劳克朗斯大桥又是另一番景致。看夕阳的余晖洒落在整个齐齐卡马森林，布劳克朗斯大桥就像从天边伸出来的一条康庄大道，当你走上去，便可以到达世界的尽头。夕阳西下，多希望时间就此静止，好好享受一番这人间的美景。鼓足勇气，闭上双眼，张开双臂，让自己从216米的高度跳下去；勇敢地睁开双眼，将每一处的美景尽收眼底，看每一个高度的齐齐卡马山，这种自由只有在这里才能得以实现。

梦回几度，我们是不是洒脱自在的勇者？在布劳克朗斯大桥，我们不用再为生活所累，不必再为烦恼忧伤。站在这座大桥上，我们只需要尽我们所能，享受这诱人的美景，徜徉在齐齐卡马大峡谷中，释放自己。或许有的人会惧怕这骇人的高度，会害怕从这跳下去全然失重的不安全感，但是不用害怕，英国哈里王子就是在这个地方战胜了自己，英国著名男演员杰克·奥斯本也是在这里找到了人生的意义。这个地方是属于勇者的，只要你有一颗敢于挑战自我的心，便会发现它所给你带来的乐趣。

温馨提示

❶ 游客可以与齐齐卡马森林里的野生动物亲密交流，但不要乱投喂食物。

❷ 请选择舒适的鞋子和衣服。

维多利亚瀑布大桥

最壮丽的蹦极胜地

关键词：壮美、惊心动魄

国别：赞比亚、津巴布韦
位置：维多利亚瀑布下游，横跨赞比西河

不知道从什么时候起，维多利亚瀑布大桥这个略显陌生的名字已经成了世界极限运动爱好者心目中的胜地。一二米的落差或许并不值得炫耀，但它的壮美与绮丽却让人一见难忘。

阿非利加洲，一片被阳光格外关照的黑土地，倔强中带着几分沸腾的热血，英姿飒爽的三角梅恍惚间便成了这里最纯美的点缀。赞比亚和津巴布韦经常被各种新闻提及。非洲还有什么值得一看的地方吗？有，而且近在眼前！

维多利亚瀑布地处赞津两国交界处，周围人烟稀少、土地荒芜，偶尔出现的当地原住民也警惕而排外。似乎在这片山水相依、荒凉亘古的土地上，最好客的便是那雷鸣震耳的瀑布、峭拔山壁上的热带"雨林"，还有那一座瀑布大桥。

◎ 滔滔河水在裂岩深谷垂直落下，没有人不感叹于维多利亚瀑布的壮美

大桥始建于1905年，全长200米左右，是一座古老的铁路桥，桥的正中央就是赞比亚和津巴布韦两国的国界，站在桥头俯瞰，两国的风光、维多利亚瀑布的全貌尽收眼底。

扣好安全绳，脚尖脱离踏板的一刹那，瀑布如雷般的轰鸣变得格外真切，若逢晴天，温和的光线洒落在瀑布激荡而起的蒙蒙水雾上，便会自上而下形成一道竖立的彩虹。彩虹桥映着阳光，映着飞溅的水花，映着粼粼的玄武岩，壮美中氤氲着一种缥缈的绮丽。

顺着彩虹桥一路坠落，峡谷深处的景色一览无余，新树枝头幼嫩的小芽也在眼底轻轻滑过。蓦地，头下的赞比西河中漾起一圈圈涟漪，一只鳄鱼张着大嘴露出了半边身子，然后是第二只、第三只、第四只……让人心脏骤然紧缩，死亡的阴霾笼罩，仿佛下一刻就要葬身鳄鱼之吻，睁开眼却发现自己已经降落在安全地带。那种一脚天堂、一脚地狱的感觉委实是惊心动魄。

心有余悸地站在峡谷岩石上，看着河里依旧虎视眈眈的鳄鱼，再看看周围的一派葱绿，突然就觉得世界上没有什么景色比这一刻更美好了。当然，降落之前你一定要准备好护照，因为谁都不知道自己最后会落到哪国境内。

古人说，一眼天地宽、一瞬日月寒，每一个地方都有自己的美丽，维多利亚瀑布的美丽尤甚。那种壮美，举世罕见，如果人的一生真的需要找一个地方来放飞灵魂，那么这里无疑是最好的选择。

◉ 瀑布激起的冲天水柱，一团团不断向上翻涌，在蓝天白云间飘散开去

◉ 赞比西河以无法想象的磅礴之势翻腾怒吼，飞泻至嶙峋的陡峭深谷中，恢宏壮观

温馨提示

❶ 最佳游览时间是雨季。

❷ 观赏维多利亚瀑布的时候最好多拿一套备用的衣服。

韦尔扎斯卡大坝

变身詹姆斯·邦德

你若不是蹦极爱好者,可能没听过韦尔扎斯卡大坝;但如果你是电影迷,那你一定看过007系列电影之一的《黄金眼》,该电影就是在这里取景的。

| 关键词:秀丽壮美、明珠、蹦极胜地 | 国别:瑞士 位置:提契诺州 |

蹦极,感受风的速度

韦尔扎斯卡大坝位于瑞士南部的提契诺州,气候温和宜人,风景秀丽壮美。作为落差排名世界第三的蹦极胜地(仅次于美国皇家峡谷悬索桥蹦极、中国澳门旅游塔蹦极),这里是无数蹦极爱好者的天堂,高达220米的巨大落差带来的是心灵的震撼和视觉上的强大冲击。身处韦尔扎斯卡大坝,即使不去蹦极,仅是阿尔卑斯山脉的优雅秀丽、韦尔扎斯卡河的天然美景,就让你不虚此行。

巨大的水汽和震耳欲聋的水声扑面而来,大坝的宏伟身躯横立于韦尔扎斯卡河,两边是陡峭的山谷。当你漫步于韦尔扎斯卡大坝,两边的风景仿佛天上人间。一侧是秀丽宁静的自然风光,另一侧却是深不

像巨龙一样盘桓在山中的韦尔扎斯卡大坝　　贝林佐纳老教堂

见底、令人恐惧的深渊，这就是韦尔扎斯卡大坝。不必说在大坝上进行刺激的蹦极，普通人怕是看一眼都会目眩半天，双腿无力。

你绝对想不到，就是这样的高度，竟然还会有人敢跳下去！没错，007系列的经典影片之一《黄金眼》的片头中前所未有的蹦极特技就是摄于韦尔扎斯卡大坝。对于观众来说，片头的蹦极特技不过是令人惊艳的几分钟，而对演员来说，却是在生死之间的恐怖徘徊。大坝整体构造是弧形的，从上往下看，总觉得会狠狠地撞在坚硬的水泥板上。从这里蹦极，生理和心理都将经受巨大考验。拍摄当天，英国知名特技演员韦恩·麦克尔斯，全套护具，整装待发，剧组甚至启用了直升机来紧急应对。至今，蹦极台旁依旧高悬"GOLDEN EYE"和"ARE YOU READY"的巨大宣传海报。韦尔扎斯卡大坝成为当地不朽的美谈。

当然，并不是只有蹦极者才能来到这里，普通游客也可以享受属于韦尔扎斯卡的难忘记忆。如果说提契诺州是瑞士的王冠，那么韦尔扎斯卡就是这王冠上一颗璀璨的明珠。景色朦胧秀丽，河水晶莹剔透宛如流淌的绿宝石，安静地穿梭于山谷之间，河水清凉、植被葱郁，置身其中，让人流连忘返。

景是绝顶的景，人也是会享受的人，这里堪称瑞士的世外桃源。值得一提的是，这里阳光充裕，一年中的大多数时间，人们都沐浴在阳光下，性格也变得格外开朗。对于不敢去蹦极的游客们而言，这里的美食或许会弥补你的遗憾。看上去是简单的沙拉、意大利面、普普通通的海鲜，但在葡萄架下的石凳、石桌上，总有一种意大利乡村气息让你魂牵梦萦，食物的美味更不是简单几句话就能说清的。

温馨提示

❶ 有心血管疾病和其他相关病症的游客切莫尝试韦尔扎斯卡大坝的蹦极。

❷ 对海鲜过敏的游客需注意在山谷中的饮食。

005

澳门旅游塔

眺望远方的大陆

关键词：空中漫步、城市地标

国别：中国
位置：澳门特别行政区南湾新填海区D区域一号地段

澳门旅游塔，一个在338米的高空中凝望苍茫的旅行者。它孤傲但出尘，塔尖上冉冉的流云总是流淌着太多的怅惘。当夜幕低沉、灯火通明时，你就会明白，原来这里才是天堂。

夜色下灯光闪耀的澳门旅游塔

不知道从什么时候起，澳门在国人的心中便成了一个特别的地方，或许是因为那金碧辉煌的赌场，又或许是因为那一句"你可知Macau，不是我真姓"。踏上这片土地，心中总有一种异样的情绪。虽然，它没有秀美的山光，没有如玉的秀色，但置身其间，你不知不觉就会醉了。

旅游塔是澳门的著名景点，也是澳门的城市地标，"全球第八观光塔"的殊荣绝对能让它在风中舞出最炫美的姿态。秋日的傍晚，乘着观光电梯来到60层的360°旋转餐厅，坐在窗边，悠然俯瞰，整个澳门的美景尽收眼底。星星点点的灯火中，大炮台的剪影依旧；大三巴牌坊影影绰绰，仿佛氤氲着一层古老的圣光；市政广场乳白的清辉与水花交织，蔓延成一种唯美的烂漫。

　　烂漫过后，当渴望与激情泛滥成灾，不妨收拾心情去做一回"空中飞人"。旅游塔的蹦极项目世界闻名。独自一人站在223米的高空，任风掠过发梢，随手掬一捧白云，然后深吸一口气，张开双臂，纵身一跃。那一刻，整个世界都成了永恒。

　　风声在耳边变得剧烈，眼中疾速流动着斑斓的风景，心脏在剧烈地跳动，呼吸着让肺感到无限清凉的空气，遥望着那"渺小"的岛屿上醉人的青葱、无限的繁华，自由自在的感觉便油然而生。

　　当然，或许当生命跃动的速度超过了一定限度时，你的大脑中便一片空白，随着绳索不断地飞降，唯一的感觉便是痛快！无与伦比的痛快！当20秒的时间消逝，在落日的余晖中，在那渲染了满天的灯火中，你突然就有一种觉悟，原来，人与自然竟可以离得这

◉ 于塔内最高的观光层可俯瞰全澳门景色

澳门的著名景点大三巴牌坊

么近！

　　青草的芬芳在落地的一刹那扑鼻而至，没有馥郁，却也怡人。借着秋色，来一次"百步登天"，爬到61层高的塔顶，就算没有征服珠峰的豪迈，也着实令人感到骄傲。胸中冒险的"烈火"若没有燃尽，还可以去57层尝试一下"空中漫步"。绕塔一圈的环形钢架桥上没有任何扶手，宽度也只有1.8米，单单站在上面就已经让人心惊胆战，哪怕只是走半圈，也足以向人炫耀了。毕竟，那可是在200多米的高空啊。

　　每一个人心中都有冒险的欲望，每一个人骨子里都有一份执着。碧蓝晴天下，一根绳索代表着一个传奇，秋色溶溶间，若有意，何不在跳下的一瞬间将时光铭记？

> **温馨提示**
>
> ❶ 做好防护，天气恶劣的时候不要去蹦极。
> ❷ 景点环境优雅，游玩时请不要乱扔垃圾。

第一章　蹦极胜地

023

最后的圣地
扎进奔腾的河水中

关键词：陶醉、漂流
国别：尼泊尔
位置：加德满都东边60千米

尼泊尔如诗，玲珑中总是镌刻着喜马拉雅最柔美的希冀。再回眸，看着那卷雪的胡特可西河，长长的吊桥上风儿在流动、云儿在翩跹。这最后的圣地原来竟是那么真实，那么纯粹。

　　尼泊尔的风光在清静苍莽中带着一丝淡淡的神秘，首都加德满都则是一个荒芜中带着几分纯美的城市，杜巴广场是其地标性建筑。距离加德满都60千米处的托帕尼小镇看上去普普通通，却给人很舒服的感觉。最后的圣地离镇子不远，在峡谷上，两山耸峙形成了一片狭长的谷隙，胡特可西河的咆哮不绝于耳。当地的居民平时都是通过峡谷上的吊桥往返，当然，若是有极限爱好者想要秀一下自己的身姿，他们也非常乐意围观。

　　吊桥是一座铁索桥，蜿蜒迤逦，对胆子稍微小一些的人来说走在上面都是一种挑战。160米的落差虽然不是世界上最大的，但也是亚洲前三，而且最后的圣地蹦极的垂直距离甚至超过新西兰皇后镇的卡瓦劳大桥。

　　胡特可西河是尼泊尔最险峻的河流，落差较大。每年，许多喜欢极限漂流的游客都会在这里聚集，不过，要说最冒险、最刺激的运动，还要属蹦极。

　　站在铁索吊桥上低头往下看，奔腾的胡特可西河水像是发怒的巨龙一般卷起无数激流和浪花，巉岩在山边耸峙，暗青色的大石头在水中得意地挑衅。还没往下跳，你就会担心要是撞到了山壁或者水中的尖石可怎么办。

　　深呼吸，走上踏板，仿佛大鹏展翅般飞跃而下吧，视角的不同会让整个世界的景象都发生不可思议的变化。两侧山壁上郁郁葱葱的原始森林如飘扬的绿带在眼前划过、不知名的鸟儿啁啾而鸣，恍惚之间，能感到河水的轰鸣已震耳欲聋，巨大的加速度仿佛誓要将人送进河水的怀抱。心会一下子提到嗓子眼，好在最后终究是有惊无险，但那生死一瞬间的惊险却会让人永远都无法忘怀。

　　重新站到土地上，站在河边，抬头仰望：阳光斜照，巉岩之上，倔强的小树吞吐着无限的碧绿，吊桥横斜便若魅影横空，四溅的水花勾勒出奇特的七彩之光。天地或许忽略了这份纯美，但置身其间的人们却陶醉其中，醉得不愿意醒来。

◉ 加德满都杜巴广场内的古迹

    最后的圣地是一种祈盼不是一种黯淡，最后也不意味着你来过一次之后再也不愿重来，事实上，最后的圣地总是令人眷恋。若人生真的有什么地方必须去，这里必是其中之一。

> **温馨提示**
>
> ❶ 若是携带相机，请注意防水。
> ❷ 要带一些常用感冒药、肠胃药以及防蚊虫药水等。

环球100 户外天堂

026

007

蒙特韦尔德极限公园

雾林中的飞人

走进哥斯达黎加，那云雾之间的雨林，那潺潺远流的溪水，那腾挪纵跃的猿猴，那徘徊不去的古林芬芳，那刻印在心灵中的图腾，无不昭示着这片土地的清新、淡雅、神秘。

关键词：云雾林、天路　　国别：哥斯达黎加
位置：蒙特韦尔德小镇云雾林保护区

云雾林中的吊桥

　　岁月匆匆，走进蒙特韦尔德，最深的感触就是纯粹。小镇并不繁华，却宛若桃源，纯朴的镇民日出而作，日落而息，平静地展现着一种最平凡也最安逸的美好生活。漫步其间，在钢筋水泥中被禁锢得无限躁动的心总会变得平静，这种感觉，在踏进云雾林的时候

终年被潮湿笼罩的云雾林

尤为明显。

蒙特韦尔德的云雾林是哥斯达黎加七大奇迹之一，在这片占地面积几乎达到100平方千米的庞大热带雨林中，生活着10万多种哺乳动物、上万种热带昆虫、2500多种热带植物、100多种鸟类和100多种两栖动物。当每天第一缕阳光从山岚间缓缓升起，金色的斑斓洒遍大地，整个云雾林一天的狂欢就会准时开始。虫鸣鸟叫，猿啼蝶舞，古树虬结的藤条在空中编织成为最美丽的摇篮，调皮的松鼠似乎对凤蝶情有独钟，晃悠着蓬松的大尾巴一路追逐。小鹿仿佛是被青蛇吓到了，不知不觉间竟一头扎进了极限公园的怀抱。

极限公园是蒙特韦尔德的宠儿，也是云雾林的骄傲。公园中最引人注目的便是那一座仿佛从云巅伸出来的吊桥，吊桥很长，横跨于两峰之间，看上去仿佛是一座桥，但实际上它是由六座桥拼接而成的。

站在桥上俯瞰整个云雾林，乳白的雾气中点缀着星星点点的绿色，看不太真切，却又

在散步的白鼻浣熊

给人一种极致且朦胧的美感。穿戴好装备一跃而下，身体会在瞬间失重，极目望去，除了白色还是白色。常年蒸腾在雨林中的水汽潮潮的，有些清凉，满眼雾茫茫让人感到恐惧。那种极限的刺激，那种不知道周围有什么，不知道自己会不会下一刻就面临生命危机的感觉绝对非常刺激。

七秒的时间，当迷雾散去，青葱再次映入眼帘，凤蝶正百无聊赖地扑扇着翅膀，那一刻，感觉是"劫后余生"。仰首，再看那迷雾中仿佛是天堑一般由六座桥连成的"天路"，突然就有一种从天堂回到人间的错觉。

仙雾袅袅，林木依依，一座公园，一座桥，一个故事，或许没有什么能够将时光挽留，但有的时候逝去本就是一种美。有些地方，体验一次就够了，因为仅仅一次便值得用一生去回味。

温馨提示

① 游览云雾林的时候不要随意捕捉蝴蝶和惊吓可爱的小动物。
② 蒙特韦尔德当地居民都说西班牙语，多数人不会讲英语。

欧洲大桥

穿越阿尔卑斯山脉之旅

无声的河水倒映着欧洲大桥巍峨的身影。巍巍高山，皑皑冰雪，霜天红叶，一桥横空，似梦还似真。

关键词：闻名遐迩、童话
国别：奥地利
位置：蒂罗尔州因斯布鲁克南部威普特峡谷斯尔河上

欧洲 E45 公路从大桥上经过

作为欧洲心脏的奥地利，从诞生的那一刻起就是童话世界的公主，高贵、优雅、纯真且充满了浪漫的气息。沃尔夫冈·阿玛多伊斯·莫扎特、约翰·施特劳斯、弗朗茨·约瑟夫·海顿、伊格纳兹·约瑟夫·普雷约尔，一个又一个显赫的人物名字点缀着她，阿尔卑斯山脉的冰雪也亲手为她编织着一个纯美的梦境，地处西南的因斯布鲁克便是这梦境中最奇特的一角。

不像奥地利其他城市那般江河浩荡，被冰川环绕的因斯布鲁克却是一座唯美得令人惊叹的冰雪小城。站在城中充满中世纪气息的哥特式建筑旁，抬头仰望，能见雪山巍峨，低头俯瞰，看不到青砖而是静静流淌的因河。狭窄的街道一点儿都不显逼仄，反而透着一股庄严。

沿着小路一路向南，威普特峡谷很快就映入眼帘。峡谷两侧绿树参天，崖壁阴影中的一丛丛枝叶显示着大自然的倔强。峡谷中间，190米的高空处，一座大桥横空出世，这就是闻名遐迩的欧洲大桥。整座桥全长657米，最大跨度接近200米。每年，世界各地的蹦极爱好者都会蜂拥至此，享受挑战极限的乐趣。

也许，在你的印象中极限运动就是刺激的运动，但在欧洲大桥蹦极除了刺激，同时也是一种享受。是的，用享受来描述简直再合适不过了。当你拖着长长的绳尾从桥头跃下，遥不可及的阿尔卑斯山脉在一瞬间和你如此之近，就像俯视一个地球仪，你能从各个不同的角度欣赏阿尔卑斯山脉的美景，腹地深处也一览无余。皑皑的白雪、雪峰冰巅绽放的莲花、雪地上腾挪纵跃的黑影、悬崖边茕茕孑立的雄鹰，风在吹，雪在舞，带着那一缕淡淡的唯美，在绳索回弹旋转的刹

📍 在欧洲大桥蹦极途中可以以不同的视角欣赏阿尔卑斯山脉的美景

📍 位于因斯布鲁克近郊的施华洛世奇水晶世界，如果时间允许也可以去看看

因斯布鲁克多彩的建筑为自然风光增色不少

那，你会觉得自己似乎完成了一次壮举——用目光穿越阿尔卑斯山脉。

奥地利本就是童话的国度，因斯布鲁克则是童话中的桃花源。大概，唯美的童话终究无法恒久，但如果有机会，用眼睛将一切铭记便已经足够。

> **温馨提示**
>
> ❶ 注意穿着舒适的鞋子和衣服。
> ❷ 可以携带一些常用的感冒药、肠胃药及防蚊虫药水等。

009

尼欧克大桥

在山与河之间翱翔

关键词：独树一帜、冰河
国别：瑞士
位置：瓦莱州安尼维尔山谷

风在吹，云在飘，尼欧克大桥从来都是孤傲的，一根根"蛛丝"串联的不是梦想，而是对蓝天的向往。

当日内瓦湖的水光潋滟让你疲惫，当洛桑的雅致和苏黎世的沉厚让你无言，不妨换一个方向，漫步瓦莱，在恬静的安尼维尔山谷追寻那一份已经逝去的童真和幻想。没错，安尼维尔山谷就是一个适合幻想、怀旧的地方。

纳威增斯河的清净中带着一丝难得的端庄，阿尔卑斯山脉在河水中倒映着童话般的美丽，格里门茨村茶褐色的古老小屋被三角梅装点得额外精致。秋意融融的傍晚，掬一抹夕阳，站在莫阿赫水坝上，惊艳了眼球的不仅仅是那漫山遍野的火绒草，还有阳光下闪着夺目色彩的奇异冰河。

曲水流觞比不上冰河的咆哮，河畔不远处的葡萄藤仍热情地用自己的葱茏向日光邀约，老磨坊的红顶遥遥相望，被风雨剥蚀了的旧木屋似乎在诉说着沧桑，田埂边的小白花也在岁月中变得妩媚，高190米的尼欧克大桥反而成了需要呵护的存在。

尼欧克大桥是安尼维尔山谷最独树一帜的风景，这座世界上最高的人行吊桥在欧洲都非常有名。桥身上那如蜘蛛网般错落的缆线网住了全世界所有蹦极爱好者的幻想。站在桥上的"蜘蛛侠"们能够用自己都感到惊叹的方式任性地挥霍。飞跃而下的一瞬间抬头看看天，那蓝得仿佛只在伊甸园中存在的天空会赋予你无限的勇气；低下头，俯瞰整个安尼维尔、尚杜拉村的风景嫣然如画，圣昌克村的步道上每一个小黑点都代表着一个梦，琪纳尔村的铜矿山散发着古铜色的光辉，远山的白雪则成了最美丽的背景墙。

一头扎进奔腾的纳威增斯河水中似乎是个不错的想法，只不过散发着冰蓝光泽的冰河眸中似乎已经闪烁起危险的信号。张开双臂，会陡然觉得自己其实就是一只自由自在的鸟，正在山水之间恣意翱翔。一切都忘了，脑中唯一的念头便是"我要飞"。

终于脚踏实地的时候，或许你心中还留有一丝淡淡的遗憾，但当你坐在凉棚中，透过葡萄藤稀疏的叶片仰望蜘蛛大桥——尼欧克大桥的时候，口中冰河葡萄酒的芬芳就能将一

恬静的安尼威尔山谷

切美好都定格。

谁不向往美好呢？所以，没有人会拒绝安尼维尔，也没有人会拒绝蜘蛛大桥，哪怕一生只有一次旅行的机会。

> 温馨提示
>
> ❶ 瑞士一年四季分明，但是气候多变，旅行时应该根据天气携带衣物。

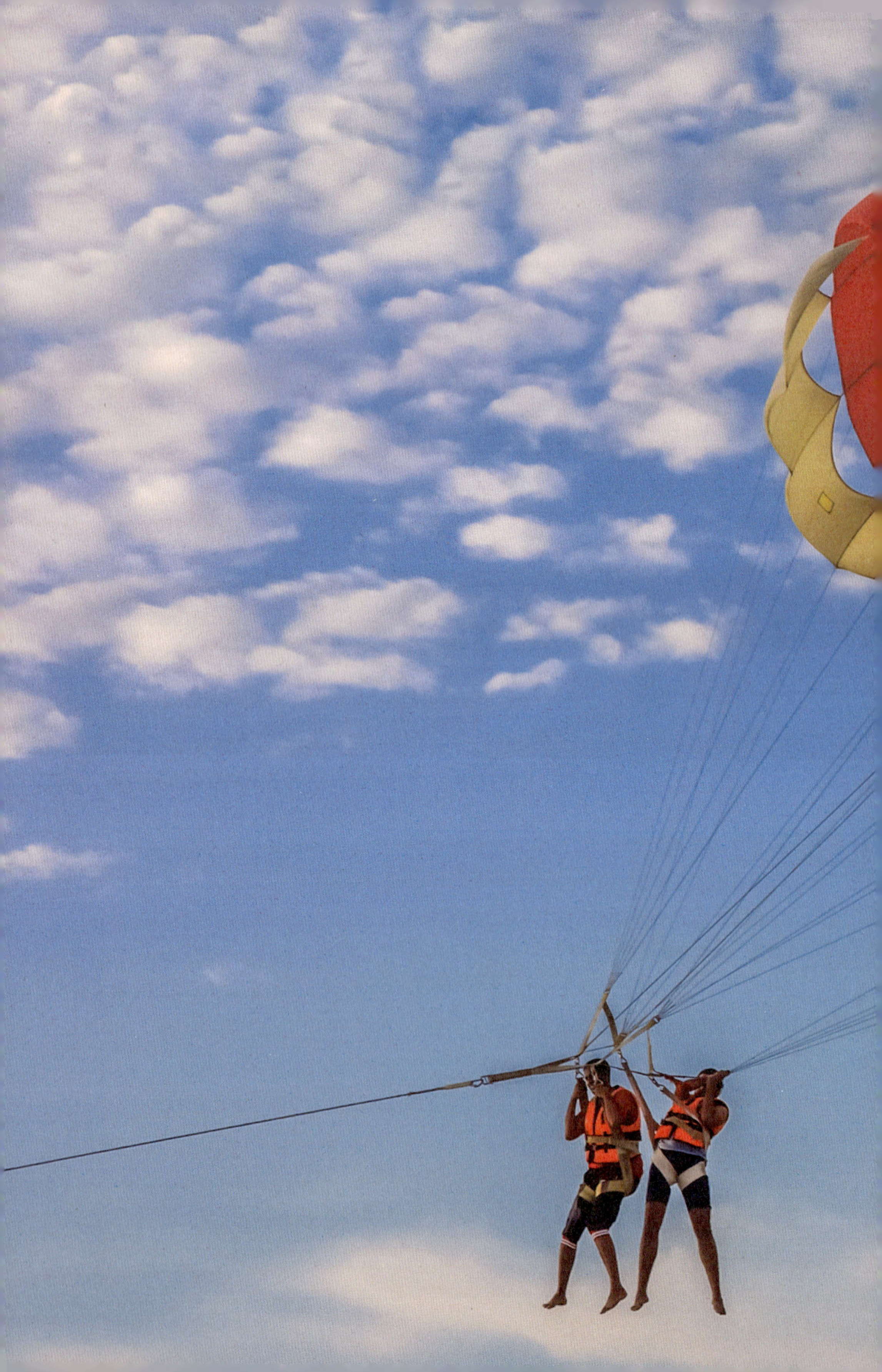

第二章

高空
展翅

翻过千山，
越过海洋，
看尽日出日落和尘世的
繁华与落寞，
从湛蓝的天空中纵身一跃，
只为勾勒出一条完美的弧线，
每一次欣赏这轻舞飞扬的景色，
都像是最完美的初遇。
就让我们化身翱翔天空的雄鹰，
用跳伞来释放
我们身体里的热情。

迪拜棕榈岛跳伞区
尽览奢华景象

> 大漠孤烟、长河落日般壮美的沙漠风情；外星人基地般科幻的购物中心；耸峙的哈利法塔……迪拜是一个神话般的城市，它能满足你的全部幻想。

关键词：帆船酒店、跳伞
国别：阿拉伯联合酋长国
位置：阿拉伯湾

● 俯瞰迪拜的夜景

　　被称为"海湾明珠"的迪拜一直以来都是富人的天堂，从它诞生的那一天奢华便成了它的符号。漫步迪拜街头，帆船酒店那挺拔的身姿在蓝紫色的晚霞中显得格外瑰丽，落日熔金，却融不了沙漠中那浓浓的黄金风情。"夕阳，老树，昏鸦"到了迪拜就自然被演绎成了"星辉，黄沙，骆驼"，苍凉而令人震撼。

充满了科幻色彩的购物中心虽然还没有彻底建成，但还是会让人有些望而却步。静静地站在河边，左边看着"孤帆远影碧空尽"，右边看着穿梭如织的公交车，就可以下定决心去邂逅棕榈岛了。

坐在渡船上，眼中的景色由淡绿变成碧蓝，翻卷的浪花和低飞过头顶的海鸥会让人觉得有些恍惚，不知道怎么就到了棕榈岛跳伞大本营，更不知道怎么就上了直升机。当被那4000米高空的纯蓝惊醒的时候，你已经置身于机舱外了。

从4000米的高空下落时，恐惧便成了唯一的感受。呼呼的风无情地冲击着耳膜，耳朵在一瞬间失聪，什么都听不到。那一刻，感觉是那么无助，不过当渐渐适应了这一切之后，心中的恐惧就会淡去很多，因为高空下的迪拜已经让人迷醉。

远远望去，棕榈岛真的就像是一棵顶着环状光圈的棕榈树，蔚蓝的大海就是它的背景。被誉为地理奇迹的世界群岛散落在棕榈树周围，那一刻真的以为自己看到了整个世界。帆船酒店的风帆赫然在目；哈利法塔的六瓣沙漠之花悠然绽放；而那一片最深邃的金黄，不用想，一定是广袤的迪拜沙漠。

心被放飞，四肢在高空伸展，恐惧的眸底也有了轻松的笑意。不知不觉间，降落伞已经拉开，自己像只大鸟般安然地降落在跳伞中心的草坪上。还没有来得及体味这整个过程就已经结束了，有点意犹未尽的感觉。

爱上迪拜，没有理由，也无须理由，一见钟情，说爱便爱了，不是吗？

○ 世界上最大的人工岛——棕榈岛

○ 跳伞——享受失重下坠的极限刺激

温馨提示

1. 阿拉伯联合酋长国为伊斯兰国家，来此旅游注意当地人的禁忌；穆斯林的斋月公共场所白天禁食禁饮水。
2. 女性游客在这里应该注意安全，避免被骚扰。

因特拉肯跳伞区
令人惊叹的美

关键词：悬崖、童话
国别：瑞士
位置：伯尔尼高地中心

有着英伦风情的中世纪古堡，巍峨峻拔的阿尔卑斯少女峰，两湖之间悠然的天堂小镇，红色的屋顶，葱绿的草坪，高高的悬崖，阳光下不断变幻着色彩的图恩湖……这就是镶嵌在"欧洲屋脊"上的因特拉肯。

邂逅因特拉肯是因为少女峰。仰望阿尔卑斯山脉的壮美却不敢有登顶云端的奢望——与其陷入这种纠结，倒不如去体验海拔4158米的少女峰。当疾速的动车行驶在被誉为"20世纪七个工程奇迹之一"的少女峰登山铁路上的时候，那种激动真的难以用语言来

一对情侣正在体验高空跳伞

在气势磅礴的群山前，深蓝色的图恩湖躺在阿尔卑斯山脉北缘

描述。透过车窗，能够从不同的角度欣赏阿尔卑斯山脉的瑰丽，站在铁路尽头的斯芬克斯观景台上更能饱览阿莱奇冰川惊心动魄的美丽。

小镇很美，就像是童话中的爱丽丝仙境。一栋栋红顶的小楼在绿树红花的掩映下别有一番味道，郁金香、百合、火玫瑰、三角梅、火绒草、羊胡子草争奇斗艳，咖啡的醇香则是空气中不泯的芬芳。

跳伞的地方距离小镇并不远，位于一座高高的悬崖上。站在崖下，仰望那青灰色的崖壁以及半山的青藤，总觉得有些惊心动魄，让人望而却步。穿好跳伞服，捆好伞包，深吸一口气，闭上眼睛，瞬间便能冲出悬崖，体验人生中最刺激的一次自由落体。

风并不凛冽，但却微微带着几许寒意，刮得耳朵生疼。在急速下降的过程中，眼中的世界美得令人惊叹。左边，皑皑的雪山仿佛是冰雪女神头顶的皇冠，阳光下透出一种蓝中带绿的纯净；右边，黑森林的迷雾还不曾散去，伯尔尼高地便已经开始了最深沉的吟唱；上边，碧蓝的天空仿佛是洗过了一般，若没有撑开降落伞，恐怕整个人都已经和天空融到了一起；最美的是下面，嶙峋的岩石透露着狰狞，不知名的野花独舞着，天堂般的小镇隐逸在桃源，晶莹剔透的图恩湖就仿佛是一面蓝色的镜子，不仅映出了因特拉肯古堡的巍峨，更倒映出了阿尔卑斯山脉绝美的柔情。心在那一刻剧烈地跳动，突然就有一种不愿意降落的奢望。

世人都说世界上总有那么一个地方让你希望时间暂停，也许，因特拉肯就是这个地方。

温馨提示

❶ 乘坐小火车或者马车是一种别样的观光方式。

❷ 租一辆脚踏车环游全镇，价格非常便宜，也特别实用。

第二章 高空展翅

039

凯恩斯跳伞区
美景的饕餮盛宴

关键词：大堡礁、热带雨林
国别：澳大利亚
位置：北昆士兰

凯恩斯的明媚是独一无二的，大堡礁千年的守候，昆士兰雨林静默地等待，都只是为了仰望那4000米不变的高空。

▸ 体会跳伞带来的飞翔的感觉

黄金海岸的浪漫也许是会传染的，要不然东海岸沉静的凯恩斯不可能变得如此妖娆。曾经的淑丽化作了明媚，悠扬的澳洲民乐也变成了狂野的萨克斯。当旅游成为一种时尚，当凯恩斯这个名字属于世界，迷人的海浪卷起的便全部是欢乐的音符。

在邂逅凯恩斯之前，可以先去看看鳄鱼，哈德利鳄鱼农场的鳄鱼表演真的是精彩绝伦，看着"沼泽王者"温驯地杂耍的感觉实在是无法言喻。当然了，既然已经来到凯恩斯，便没有理由不去大堡礁转一转。水清沙细、椰林树影的形容或许已经过时，大堡礁的海滩上银白的沙粒其实本身就是一种淡雅的存在。走在上面，绵绵的，软软的，像是踩在雪地上，当慵懒的潮汐将海水带走，大堡礁下五颜六色、绮丽梦幻的珊瑚礁便含羞带怯地显露出真容。究竟是珊瑚选择了大堡礁，还是大堡礁选择了珊瑚，没有人知道，但在四月温和的阳光下，这片海域真的美得令人向往。

预先准备好的降落旗在大堡礁沙滩上迎风招展。插好降落旗后，小型飞机在期待中渐渐地爬升，100米、200米、300米、500米、1000米……云层渐渐被甩在身后，一碧如

柔软洁白的沙滩、透亮碧蓝的海水，足以让人为它着迷

洗的天空仿佛是翡翠。直至升至4000米，这已经是人类跳伞的极限。

飞机的卷帘舱门被打开，你可能出奇地一点儿都不紧张，反而有一点儿兴奋，风吹进机舱里，发丝飞扬，这时候，就可以跳出去了。在风的吹拂下，动作可能有点儿不协调，但几分钟后，就能找到平衡。当脸扑进云朵里的时候，轻柔的质感真的让人惊喜。只不过和云朵亲密接触的时间太短，还来不及回味，另一幅动人的美景就已经出现。

从高空俯瞰，大堡礁就像是蓝色玉盘中最美丽的祖母绿宝石，熠熠生辉。昆士兰热带雨林亘古的青翠则是大堡礁最美丽的陪衬。广袤的、层层晕开的绿色，一眼望去，就像是一幅最美的丹青。不知道用什么语言来形容，一切语言都显得那样苍白。"砰"的一声打开大降落伞，拉动升降绳，在空中以顺时针的方式旋转着欣赏整个凯恩斯，甚至能够俯瞰古老而神秘的澳洲东海岸，那种感觉，美妙得令人心醉。

一生总要跳一次伞，到凯恩斯来跳伞，你不会后悔。

大堡礁绚丽多彩的珊瑚是最佳海底奇观

温馨提示

1. 建议上午进行跳伞，之后可坐缆车游览热带雨林。
2. 凯恩斯多海鲜，可以品尝一下。

第二章 高空展翅

041

波科诺山
跳伞人数最多的跳伞区

在美国，波科诺山不是最高的，却是最精致的。山岚雾霭轻轻笼罩大地的时候，天然雕饰的波科诺便是最真实的伊甸园。

关键词：纽约后花园、度假胜地
国别：美国
位置：宾夕法尼亚州费城以北

当你厌倦了皇后区的繁华，当你不再为长岛而欣喜若狂，当你想要回归简单，当你觉得自己也应该列一份愿望清单的时候，不妨骑着单车暂时远离城市的喧嚣，到纽约的后花园——波科诺山走一圈。

波科诺山是冬季度假胜地，也是美国的极限运动爱好者的天堂，在这里，打高尔夫、

跳伞运动——翱翔在白云之上的刺激

秋季的群山被渲染得五颜六色

骑马、滑雪、皮划艇、跳伞、徒步等各种活动应有尽有，德拉瓦水溢口国家游乐区就是人造的梦幻乐园。

高空跳伞需要预约。没办法，波科诺山的风光实在是太迷人，每年都有大量的跳伞爱好者蜂拥至宾夕法尼亚，4.1万人这个世界跳伞人数最多的纪录随时都有可能被创造者波科诺自己打破。

如果你单纯地想要玩儿一把刺激，那么跳伞的时间完全随意，只要天气状况允许，你便能瞬间化身蝙蝠侠。不过，若是你想领略波科诺山乃至整个宾夕法尼亚最美丽的瞬间，那么跳伞的时间最好选在黄昏。

飞机不大，升空却很快，当你张开双臂从机舱一跃而下的时候，紧张和恐惧来不及释放就消弭于无形。一束束、一缕缕、一簇簇金红色的阳光从西方天际轻轻地洒下。初时，还只有一小片，但慢慢地，就像晕开的水墨画一般，金色在一点点地扩散，红色在不断地加重，当金红色成为主色调时，波科诺山也被染上了一层最奇幻的色彩。磅礴的光芒静静地照耀着宾夕法尼亚，一块块绿得喜人的农田、一湾湾仿佛是翡翠一般的湖泊、一片片青葱得似要将世界上全部的绿色都敛进怀中的森林，在阳光的浸润下既恢宏壮阔又别有几分恬静。

视线在伞绳飞舞中被拉低，布什基尔瀑布蓦然闯了进来。从空中俯瞰，瀑布的水流就像是天河在倒泻，每一滴水珠都在阳光下闪烁着七彩的光芒，周围的绿树是不可多得的点

清如明镜的湖水，映着蓝天白云、绿草树木，美不胜收

布什基尔瀑布

缀，多一分不行，少一分失色。隆隆的水声虽然听不分明，但单单那抹耀眼的银白和葱绿就足以让人心旷神怡。

落地之后，静静地躺在草坪上，看着天空中升起的第一颗星星，心中便有了一个怎么都抹不掉的念头：自此，便是安然。

温馨提示

① 观看瀑布时，一定要选择一双合适的徒步鞋。
② 独木舟和漂流都是当地有名的娱乐项目。

014

开普敦跳伞区

饱览"母亲之城"

飞到地球的另一边,在高空欣赏帝王花绝对是一个绝佳的主意,顺便带走几片桌山之云也没关系,温柔的「母亲之城」开普敦从来都是慷慨的。

| 关键词：母亲之城、迷人景色 | 国别：南非 位置：西开普省,开普半岛北端 |

踏上开普敦的那一刻,一种巍峨壮观的气势便扑面而来。这座古老却韵味十足的城市,以它独特的自然景观得到了世界各国游客的青睐。走在开普敦的青砖街道上,享受古老城堡散发出来的神秘气息,迎着浪漫温和的海风,便只有一个夙愿——时间可以在这一刻成为永恒,好让我们安然恬静地享受这一刻的美好。

漫不经心地走过开普敦的每个角落固然是一种美妙的旅行,但是从高空中一览开普敦的神秘与壮阔气息又何尝不是一种新的人生体验呢?这座"母亲之城"倾尽所能,孕育着这里的每一寸

○ 好望角灯塔,像是盖在山崖上的一顶白色帽子

土地,高空中的极限挑战,可以让你见识到这座"母亲之城"坚强从容的一面。我想每一次旅行,都需要有一次难忘的经历,至少在以后那些回忆的日子里,我们不会只有朦胧的想象。

来到开普敦,一定要来一次跳伞的极限运动。在开普敦的跳伞区,张开双臂,去迎接人生的一次新旅程,在短暂的几分钟内一览整个开普敦的迷人景色。坐在飞机上,一切准

空中拍摄的开普敦景色

备就绪，就等待你鼓起勇气，从开普敦的天空跳落下来。此时的你，就像是一只展翅高飞的雄鹰，盘旋在这美丽的天空之中。跳伞的那一刻，内心一定是无以名状的，毕竟这是一种极限超越。此时此刻最重要的是调整好自己的心态，因为在你俯身的那一刻，那些迷人的美景正等待着你投去恋羡的目光。

降落伞在你的身后画出一道美丽的弧线，你能从高空中将开普敦的美景尽收眼底。神秘的城堡似乎笼罩着一层朦胧的雾纱；桌山山峰绵延平展，气势磅礴；蜿蜒曲折的海岸线在整个开普敦画出了一条最完美的曲线；湛蓝的海水在阳光的照耀下显得更加清澈。享受着开普敦的微凉清风，看着眼下的纯白沙滩，你会完全被这座"母亲之城"的温柔与浪漫所融化，忘记你身在高空中，只希望这一片美景成为永恒的记忆。

开普敦，一个没有绝世之美却一眼就能使人爱上的城市。如若想为开普敦之旅画上完美的句号，那一定要来一次高空跳伞。俯瞰整个开普敦市，看现代的浪漫气息与古代的复古韵味擦出最耀眼的火花，这次旅行一定是你人生之旅中最弥足珍贵的记忆。

温馨提示

① 在好望角老灯塔拍照留念后，可以直接沿着小路到达迪亚兹顶，坐有轨电车从山顶俯瞰好望角全景。

② 开普敦除了艺术品和装饰品比较便宜，还可以坐游艇到海豹岛或者企鹅生态保护区看海豹和企鹅。

015

佛罗里达跳伞区

翱翔在海洋上空

阳光需要拥抱，海水需要亲吻，当洁白的沙滩印下你的足迹，佛罗里达群岛会用伞包为你送上最暖心的祝福。

| 关键词：难以抗拒、珊瑚礁 | 国别：美国 位置：佛罗里达半岛 |

佛罗里达——鲜花盛开的地方。走在这片土地上，你绝对会被它的青春活力所感染，佛罗里达的美不需要任何赞美之词，哪怕只是随意一瞥，你都能感受到它那种令人难以抗拒的美。

最爱的是这里的珊瑚岛礁、棕榈沙滩、碧蓝海水和那沁人心脾的空气。每一个来过佛罗里达的人都说，它是一个令人解忧的好地方。放松心情，沿着一号公路不急不躁地漫步

在栈道上吹吹海风，也是一种享受

约翰·彭尼坎普珊瑚礁州立公园丰富多彩的海底世界

到海边看清沙幻影，走在洁白细腻的沙滩上，望着眼前如梦似幻的海洋，人生的美好也不过如此。

领略了佛罗里达的静态美，也不可以错过属于它的动态美。在佛罗里达来一次跳伞绝对是一种特别的享受，体验高空降落带来的刺激的同时，更多的是可以一览佛罗里达的美丽风景。这时的佛罗里达，高贵优雅，恬静从容。做好了跳伞准备，你便可以与那缱绻的白云并肩同行，在它们的召唤下迈出那关键性的一步，释放自己。

在降落的过程中，你便觉得整个人变得无比渺小。看着身下如梦似幻的迷人景色，你便知道你已经深陷在佛罗里达的温柔怀抱之中。色彩艳丽的珊瑚礁群在蓝天的映衬下显得更加魅力四射；眼中的墨西哥湾、群岛、美国最具标志性的一号公路此时已经连成了一线；原本湛蓝的海洋此时已经变成彩色。整个佛罗里达州就在这般美景中安然沉睡，就像睡美人一般，与世无争，静谧淡然。

翱翔在美妙的海洋上空，所有的羁绊与不快全然被抛诸脑后，此时你变成了最单纯的你，将这唯美的风景揽入自己的怀中。在这辽阔的天空中，你只不过是只徜徉在风中的小鸟，时而被身下的景色所迷住，时而驻留、盘旋，为的只是不想辜负了这番美景。人生能欣赏到此番风景，便觉得已是足够。来到佛罗里达，一定要鼓起勇气来一次高空的极限挑战，因为就在你跃出机舱的一刹那，整个世界已被踩在脚下，整个佛罗里达已经成为一个缩影。俯瞰这里的每一寸景色，便是人生中最幸福的事。

只愿我们珍惜旅行的美好时光，不要吝啬每一次的勇敢尝试，因为自然的美景总是能给予你不一样的惊喜。旅程，总归需要我们怀抱激情，面对佛罗里达，我们便该跟从内心，不辜负这岁月沉淀的美好风景。

温馨提示

① 最佳游览时间为12月至次年4月。

② 每年4月4日在棕榈海滩都有海滩爵士乐节，有美国最著名的爵士音乐大师演出。

016

迪亚尼跳伞区

每一跳都降落在沙滩上

白沙如雪，椰林如翡，迪亚尼海滩没有塞伦盖蒂大草原的自然野趣，没有普吉岛、巴厘岛的热闹繁华，但它的存在却能满足人们心中对美好的所有幻想。

关键词：迷人海滩、非洲风情
国别：肯尼亚
位置：滨海省，蒙巴萨以南35千米处

海底的珊瑚礁像凤尾菇一样排列开来，令人神往不已

说起非洲，或许在你的脑海中一闪而过的不是各种各样的野生动植物，就是那一望无际的戈壁沙漠。其实非洲的沙滩也是魅力四射的，每一处都蕴含着非洲的独特风味。我想这一切在你到了肯尼亚的迪亚尼海滩之后，便会明了了。

这个带有热带风情的海滩，也有非洲的原始韵味。这里微风习习、海岸线曲折、海岛形态各异，迪亚尼海滩每一次都能给我们带来不一样的惊喜。每一次投入海滩的怀抱，总能领略到它不同的魅力：它是多变的，或青春，或成熟，或妩媚，不管是哪一种美，都让人留恋。如果你觉得在海滩漫步，无法领略到整个迪亚尼海滩的魅力，那么来一次跳伞，绝对会让你体会到它狂野热情的一面。

跳伞，从高空俯瞰印度洋蓝绿色的海水冲刷着巨大的沙滩，美不胜收

在迪亚尼，看纯净透明的天空云卷云舒，此时的迪亚尼海滩，就像是非洲大地上一颗璀璨的珍珠，棕榈树在热辣的海风中尽情地摇曳，曲折的海岸线将湛蓝的海洋勾勒得轮廓分明。在1500米的高空往下看，整个肯尼亚就像是一个小型的地球仪，虽然没有艳丽的色彩，但依旧能从它那朴实的外表中窥探出它的内在韵味与美丽。

珊瑚礁轮廓分明，色彩艳丽，如梦幻般朦胧，又如青春般激情，簇拥在一起，就像是鲜艳的花朵，为整个湛蓝的海洋增添了亮丽的色彩。徜徉在原始淳朴的城市上空，整个人仿佛都被拉回了那个空明宁静的时代。沉浸在这番美景之中，即便是就此沉睡，也觉得是一种满足。

跳伞的注意事项安排好之后，剩下的一切就交给你自己了，仿佛这是一场命运的极限挑战，人生就掌握在自己的手中，无论是恐惧还是从容都是自己的选择。俯身的那一瞬间，一定不要闭上双眼，因为这美景不允许我们去辜负。看激情的热浪拍打着洁白的沙滩，炫彩夺目的贝壳在阳光的照耀下更加熠熠生辉，远处的新巴丘国家公园若隐若现。这便是你眼中的肯尼亚，一个温柔却又活力四射的国家，一个有沙漠也有迷人海滩的国家。你便是翱翔在肯尼亚天空的一只雄鹰，那广阔无垠的天空便是你的归处，那狭长迷人的海滩便是你停留的港湾。

这里的每一跳最后都会以落在迷人的海滩上作为终点。在这里，你可以体会到几分钟高空降落的极致享受；在这里，你会懂得什么是别样的非洲风情。这一番原始美景，只有迪亚尼海滩能给你，来到它的怀抱，让它带你进入美好的梦里。

温馨提示

❶ 需自带遮阳用品、泳衣等，不要去深海区。

❷ 肯尼亚野外蚊虫很多，若在野外露营，长衣长裤、防蚊液都必不可少。

017

帕劳
高空中邂逅蓝与绿

梦幻般的蓝绿色海水、色彩斑斓的海中舞者、碧海蓝天下的银白畅想、纯美蔚蓝下的肆意穿梭。帕劳——一个错过了肯定会终身抱憾的世外桃源。

关键词：牛奶湖、黄金水母湖、斯库巴潜水

国别：帕劳共和国
位置：西太平洋，关岛以南

对于很多中国人来说，帕劳是个很陌生的名字，这个隐藏在菲律宾东边的岛国很多人都没有听说过。踏上帕劳首都科罗尔的时候，你的感觉也许就只有一个——地广人稀。在这里，拥挤就是一个笑话，只要你想，可以纵情地撒欢，纵情地呐喊，整个世界似乎都只属于你自己。

跳伞运动员从高空跳下，俯瞰令人心驰神往的美景

◎ 一群黄色带条纹的小家伙为深蓝色的大海带来活力

    雨后初晴的时候乘坐快艇或独木舟出海去阿拉加贝山岛是个不错的选择，这座面积只有足球场一般大小的小岛是帕劳的"明珠"，登上小岛是所有爱美者的终极梦想。牛奶湖湖底灰黑色的火山泥将海水折射成了一片乳白，泡在水中，用火山泥把自己彻彻底底变成泥人的确是一种新奇的体验。美容的效果好不好放在一边，单单那梦幻般的色彩便已经让人遐想无限。

    泡烦了想要休息一下？小憩是最无趣的选择，倒不如穿上潜水服，投入大海的怀抱，来一场斯库巴潜水。距离牛奶湖不过5000米的埃尔马尔克岛上便是闻名遐迩的黄金水母湖。湖水清澈得令人惊讶，悄悄溜进湖中，金黄色的水母就会瞬间将你包围。落荒而逃倒是大可不必，水母湖中的水母是无毒的，你可以尽情地拥抱它。这些漂亮的水母就是海中最好的舞者，置身其间，你会突然有一种众星捧月的错觉，那一幕如梦如幻。

    挥挥手，和温柔的水母说声再见，下一刻，你可以坐着直升机直上蓝天。

    帕劳的跳伞中心不算特别多，也有些冷清，但走进其中却有一种置身世外桃源的迷离感。飞机不大，教练非常热情，从装备怎么穿、跳下的瞬间怎么呼吸、什么时候打开伞包、什么时候能够自由地饱览美景都介绍得非常详细。当然，若是你想留下自己翱翔蓝天时最美丽的笑容，教练也能帮忙。

    天气晴好的时候，在3000米的高空一跃而下绝对是一种极致的享受。除了刚开始时稍稍失重的眩晕和不可避免的惊恐，几秒钟后，你就会沉浸在化身飞鸟的兴奋之中。从高空俯瞰，帕劳简直就是人间仙境，尤其是落潮的时候，蓝绿色的海水荡漾着宁静的涟漪，一

在帕劳，热带雨林覆盖了大多数岛屿，这些雨林形成了绿意盎然的树海

条半月形的银色长弧在两岛之间缓缓浮现。蓝绿色的海水，翡翠般的小岛，白得耀眼的沙滩，在鱼儿的欢跃中构成了一幅绝美的仙境画卷。不用过多的粉饰，那天然的色彩与轮廓就足以让人迷醉。若是时间足够，在重归大地之后，你可以亲自去白沙滩走一圈，在路的尽头，你就知道什么才是真正的海阔天空了。

帕劳水母湖拥有世界上独一无二的无毒水母

> **温馨提示**
>
> ❶ 一定要在身体条件允许的情况下跳伞。
> ❷ 帕劳网速慢且收费高，建议不要在当地使用网络。

第二章 高空展翅

053

环球100 / 户外天堂 / 054

018

新河峡大桥
一年一度的跳伞节

关键词：世界第三长、跳伞节
国别：美国
位置：西弗吉尼亚州费耶特维尔附近

氢和氧相遇能变成水，碳和氧重逢能变成二氧化碳，那么世界第三长的新河峡大桥与世界第三古老的新河碰撞会发生什么呢？毫无疑问，是大桥跳伞节。

每年10月的第3个星期六，西弗吉尼亚的稻香还在空气中飘荡，费耶特维尔就会被慕名而至的世界极限爱好者们装点成一片欢乐的海洋。气球在飞舞，烟化在绽放，路边的矢车菊也摇曳着柔情。新河奔腾咆哮的流水却怎么都盖不住黎明的热闹。

全长924米、跨径518米、高267米的新河峡大桥从建成的那一刻起，身上就背负着太多的荣耀。全美第一高、世界第二高、世界第三长，整个弗吉尼亚都为它自豪，费耶特维尔小镇更是它最忠实的拥趸者。美国的10月不算盛夏，但天气仍有些炎热，拉卡拉瀑布的轰鸣仿佛来自天际，新河澄碧的水浪中，"孤舟蓑笠翁"正在独钓秋色。

为了纪念大桥的竣工，筑桥纪念日成为人们的跳伞日

新河峡大桥屹立于河流之上，连接河流两岸，从空中或山上看十分壮观

夕阳西下的时候是小镇最美的时刻，狂欢似乎永远不分时刻。新河峡大桥跳伞节当天，大桥旁边的4条车道会被全部封闭，这片纯美的世界就彻底属于极限运动爱好者和游客了。

267米的高度对跳伞者来说实在是有些低，低空跳伞不是谁都能掌握的技术活，作为游客的你虽然心中有满满的欲望，但还是老老实实地在旁边端好相机比较实在。新河峡的天特别蓝，河岸两边的草木也蒙上一层瑰丽的绿色迷雾，午后温醇的阳光将新河的水染出了一片镏金色，成百上千只降落伞在空中同时打开，一朵朵伞花就像是一件件霓裳，炫舞飞扬，美不胜收。

身怀绝技的极限跳伞爱好者们还会在空中一展绝艺：自由翱翔、比翼双飞、空中芭蕾。绚丽的伞、碧蓝的天、青白的云、葱绿的树、淡金的河水、欢呼的人群、粗犷的新河峡大桥，时间在这一刻凝固。

撑一支竹篙，沿着青草更青处漫溯是欣赏这一场狂欢盛宴的最佳选择，垂钓是不可能

新河峡大桥，形状像磐石，曲线柔和，十分秀美

了，但着一袭青衫，让整个新河峡、狂欢的天空成为你的陪衬却没有问题。当然了，若你是跳伞高手，能够在五秒内拉开身后的伞包，也大可去大桥上纵身一跃，体会一下那种万众瞩目，天地都在为你欢呼的激情澎湃。

十月流岚，绿蔷薇的幽香交织，如果你不是忙得昏天暗地，不如给自己的灵魂一个挣脱束缚的理由，来新河峡，放飞一个梦。

温馨提示

❶ 西弗吉尼亚州内有 24 座公园，风景各异，值得慢慢欣赏。
❷ 喜欢刺激的人可以参加火鸡、鹿甚至是熊的捕猎活动，体验自然生存的感受。

019

陶波湖

高空双人跳伞胜地

每一个人心中都有一个飞翔的梦想,每一个人骨子里都有冒险的情怀,当冒险和飞翔在不经意间邂逅,陶波湖便成了最好的选择。

关键词:神秘、浪漫
国别:新西兰
位置:北岛中部山区,罗托鲁阿以南

初秋时节,红枫已经遮挡不住微微的凉意。这个时候,插上翅膀,飞往地球的另一端,在陶波湖的水光潋滟和四翅槐的奇特芳香中享受一次属于你与他或她的旅行着实是个不错的主意。

慵懒的午后,驾一叶扁舟,在宁静无瑕的陶波湖上相偎,一边说着绵绵情话,一边聆

屏住呼吸,感受超高速的极致跳伞体验

◉ 胡卡瀑布，大自然的力量使涌入瀑布的水流异常猛烈

听着虹鳟的海誓山盟。兴致来了，垂下一根无饵无钩的钓竿，玩一玩愿者上钩的游戏，轻松惬意又趣味盎然。

陶波镇是陶波湖畔最繁华、最神秘的小镇，咖啡馆中偶尔的邂逅或许就是你和毛利巫师命中注定的缘分。古老的毛利部族隐藏着太多的秘密，随处在镇上走走看看，除了无法忽视的火山，看到最多的便是铭刻着毛利符号的建筑与艺术品。不要怀疑，当你把一张纹路古怪又精致得难以想象的羽毛面具戴在脸上的时候，你也会觉得自己被赋予了神奇的力量。戴着它即便是踏足那古老的硅石台地，遗迹独有的苍古感也会离你远去。

沸腾的火山口和略显狰狞的泥浆池是无论如何都要去的，那里镌刻着毛利人的历史。当然，如果你实在不愿意劳累，乘坐水上观光飞机也是一样的。北岛最大的火山口实际上便是陶波湖，这片和新加坡面积一样大的水域平静的表象下隐藏的是火山沸腾的血液。随着飞机的不断升高，陶波湖渐渐变成一颗镶嵌在火山平原上的蓝色宝石。背好伞包的你就可以向他或她发出暗号，然后两个人从空中一跃而下。

试没试过空中牵手？那种浪漫简直难以言表。远处，东加里罗国家公园戴着"冰雪贝雷帽"的火山群正旁若无人地谈笑；陶波湖畔的热带雨林一片葱绿；胡卡瀑布如雷的水声已经听不到，但那磅礴的气势、激流飞溅、泡沫如雪的清婉脱俗却一丝一毫都不曾改变。

◉ 湖西的西湾，夕阳染红了湖水，垂钓者安逸的生活让人羡慕

西湾陡峭的崖壁一线插天，几只巨大得有些过分的风筝随风飘舞，风筝下的小黑点疾速地移动，带起了一片雪白的浪花。

视线越拉越低，眼前的景物也逐渐清晰，多姆末日火山雄伟瑰丽。火山草甸处，一片绿色的织锦上绣满了雪白的云朵，那是羊群！有多少只羊呢？真想数清楚，但脚下如茵的草坪却告诉你，该降落了。

有人说，跳伞特别容易上瘾，这话没错。你跳过吗？如果没有，到陶波湖来放肆一回吧，一定会获得超值的体验。

温馨提示

❶ 这里气温不高，夏天仅 23℃，需随身携带防寒的衣服。
❷ 从普雷奥拉森林公园开始环湖游览是最好的路线选择。

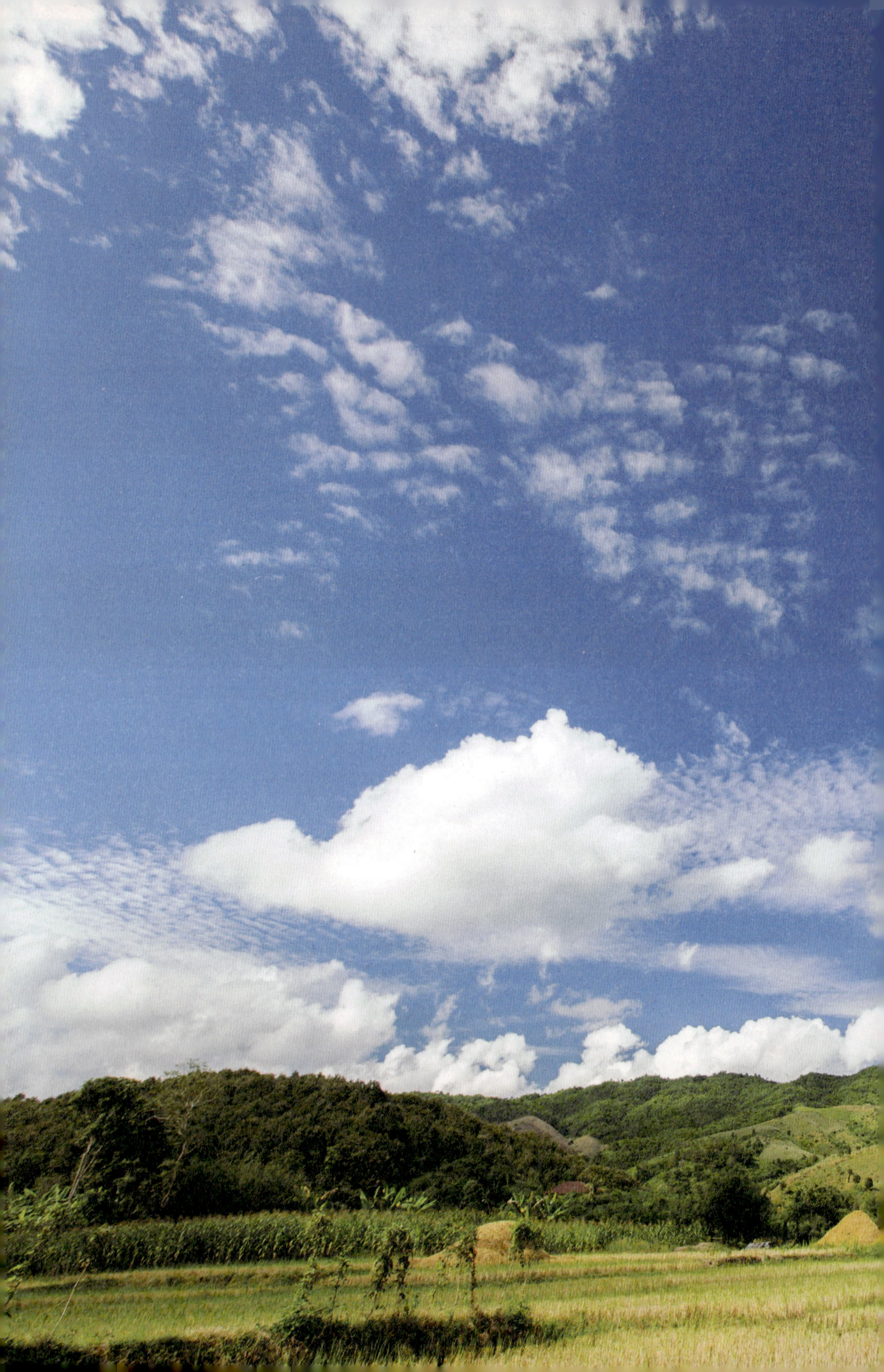

第三章

云端漫步

如果触摸缱绻的白云
已不再是梦，
如果徜徉在空中看日出日落
已不再是幻想，
你是不是会带着梦走进这
人间天堂？
你是不是会惬意地漫步在云端，
将这一切美景温柔地
揽入怀中？

020

卡帕多奇亚
热气球之旅

关键词：喀斯特地貌、摄人心魄
国别：土耳其
位置：安纳托利亚的腹地

千奇百态的喀斯特地貌在卡帕多奇亚这片土地上勾勒出一幅幅动人的画卷，错落有致的古老建筑、神秘莫测的陨石溶洞，这一切都是不可多得的美景。

都说卡帕多奇亚是被另一个星球遗忘的胜地。每一个人眼中都有一个不同的卡帕多奇亚，不得不说，这就是它魅力的体现。俯瞰卡帕多奇亚，傲岸但又不失精致的地貌首先映入眼帘，带有土耳其韵味的民风建筑更是让人迫不及待地在那儿待上几晚。沿着羊肠小道走上去，你会发现千奇百怪的石头，它们有的像骆驼一样眺望着远道而来的人们；有的像弥勒佛一样，为每一位旅客送上最真诚的微笑。或许走到这里，你已然无法自拔，只想更加深入地去探索这谜一般的地方。

当你乘坐热气球俯视这片喀斯特地貌的土地时，除了兴奋，更会感叹大自然的神奇与伟大，是它造就了这独一无二的地貌，是它将卡帕多奇亚的魅力发挥得淋漓尽致。看着一个个犹如蘑菇一样耸立在这片土地上的岩石，你就会情不自禁地想要去抚摩它们。它们是大自然奇迹的见证，更是这片土地上的守护者。海浪一层又一层地席卷开来，重重地向岩石打来，在岩石身上造就了一圈又一圈的年轮，这些岩石随着阳光的变换，由白色变成了粉色，进而又变成了深紫色。这独特的喀斯特地貌让多少

热气球下的卡帕多奇亚岩石表面光洁，在阳光和云影的变幻中，奇特的古城堡也不断地变换着色调

独特的喀斯特地貌焕发着摄人心魄的美，像精灵的世界，令无数人魂牵梦绕

人为之牵肠挂肚、魂牵梦萦，它的美已然无法用言语来形容，只能说它已经美到了骨子里，无可挑剔。

一个个热气球从这奇特的地形上缓缓升起，你所享受的并不是飘荡在空中的快感，而是从热气球上能看到卡帕多奇亚的全景。夕阳西下，热气球腾腾升起，它们就像一个个金色的精灵，无忧无虑地游荡在这静谧祥和的傍晚。缓缓地伸出手，就可以抓住那飘浮在空中的云朵，你可以与它们一起翩翩起舞，跳一曲妙不可言的探戈。一个个越飞越高的热气球就像是遗落在人间的天使，带着我们一起远离世俗的烦扰与喧嚣。夜幕降临，错落有致的民族建筑亮起了一盏盏明灯，灯光稀稀落落地洒在这勾人魂魄的土地上，勾勒出一条条精致的线条，此时此刻，只想站在山坡上，希望这一刻成为永恒，将这所有的美景拥入怀中。

当然，不仅仅只有你我爱上了这独特的喀斯特地貌，《星球大战》的导演也狂热地追逐着这片摄人心魄的仙境。酷似月球表面的地貌，使它无可置疑地成了电影外景的首选拍摄地，卡帕多奇亚是众多好莱坞影片的拍摄地。

> **温馨提示**
>
> ❶ 每年的春秋（4月至5月、9月至10月）最适合游览，此时平均温度在15~25℃，天空透彻晴朗，适合拍照。
>
> ❷ 卡帕多奇亚地区大部分活动都在户外，坐热气球一般要起很早，披上一条毛毯或穿一件大衣比较好。

第三章 云端漫步

063

环球100 户外天堂 / 064

021

蒲甘
热气球下的佛塔如林

关键词：万塔之城、绝世之美
国别：缅甸
位置：伊洛瓦底河中游左岸

缅甸是个神圣的国度，而蒲甘便是这神圣国度的一颗明珠。走进这个城市，古城的历史气息迎面而来，看那日出与日落之间的万塔之城，跳一曲优雅的探戈，这便是对这美好风景的完美诠释。

我听过的最准确的一句形容蒲甘的话就是"惊艳蒲甘，妖娆无罪"。是的，蒲甘的美与其他地方的美有着明显的区别，它没有雄伟壮阔的伟岸气质，也没有小桥流水的细腻情感，它有的只是属于缅甸这个国家的历史。或许当你徘徊在这万千佛塔之中，你的心中除

古城蒲甘，大小不一的佛塔林立

波巴山上建有纳特神庙和佛塔，是传说中神灵出现的地方

了肃穆，更多的是敬重。

　　赤脚穿梭在千千万万的佛塔之中，寻找渐行渐远的千年佛缘，追忆逝去的每一寸光阴。是的，如果想要领略缅甸佛塔的风采，你必须要赤脚前行，这不仅是对佛塔的尊重，更是一种虔诚的心态。当然了，如果在天气比较炎热的情况下，那你就必须疾步前行，要知道那由一块块青砖铺成的道路是多么的炙热。蒲甘是缅甸的佛教圣地，是缅甸历史的象征，是当之无愧的"万塔之城"。千千万万的佛塔林立在蒲甘城内，错落有致，姿态万千。有的像城堡，有的像宫殿，有的又像洞穴，每一个来到蒲甘的人，眼中都有着不同的佛塔形状。此时如若天空再下点绵绵细雨就更恰如其分，看这些佛塔若隐若现地飘浮着，扑朔迷离，似梦似幻却又真实可见，这如痴如醉的美景让人希望这一刻成为永恒。

　　来到蒲甘城，最惬意的事莫过于在万塔之城看日出日落。这里的日出日落是一种绝世之美。来到蒲甘的每一个人都是幸福的，所以必须珍惜蒲甘的每一次日出或日落。在此之前，你需要做的就是找到一个绝佳的观看位置，等待是对日出最好的告白，看着整个蒲甘寺渐渐地从夜色中苏醒过来，当太阳破晓而出的那一刻，你就会发现这一切的等待都是

○ 阳光照进寺庙，照耀着认真诵经的小和尚

○ 在热气球中看着自己逐渐离开万佛之城，阳光温暖地洒在身上，让人终生难忘

值得的。看着太阳的火红光芒整齐划一地散落在这些高低有别的佛塔之上，你绝对会有一种置身天外的错觉。看完日出之后不要急急忙忙地离开，因为在这之后才是蒲甘的神奇景象。此时的天空已经披上了一层蓝紫色的纱，朦胧得像梦境，而那些树林中的佛塔此时都笼罩着一层白色的晨雾，犹如仙境，温暖惬意。

在这一切都尘埃落定之后，你便可以看见一个个从地面缓缓升起的小气泡，有的是绿色，有的是红色。没错，这就是万塔之城的一道亮丽风景——热气球。看着它们井然有序地由北向南逐渐扩散开来，你甚至可以看见热气球上的人们热情地朝你挥手。从热气球上鸟瞰蒲甘，又是另一番景象：这些佛塔就像是从森林中破土而出的竹笋，正在努力地生长。

当夕阳的余晖洒满整个大地后，你便可以放慢脚步，走走停停，或回眸凝视，或抬头仰望，将这日落时分的祥和与静谧尽收眼底。夜幕降临，在佛塔的钟声之中，缓解一天的疲劳，安然入梦。

温馨提示

❶ 在蒲甘，进入所有佛塔都必须赤脚，有的甚至是进入院子时就必须脱鞋赤脚。

❷ 坐热气球价格不便宜，一般需要预定，在11月至2月的旺季，一般都无法立即订到第二天的热气球。

沐浴在托斯卡纳暖暖的艳阳下，和风轻拂，漫山遍野的向日葵露出纯真的笑容，杯中的葡萄酒正用芬芳向你发出邀请。

022

托斯卡纳
飞翔在艳阳之下

关键词：优雅之城、复古建筑
国别：意大利
位置：意大利中西部

托斯卡纳是一个有故事的城市，当艳阳洒满整个托斯卡纳，它便笼罩在浓稠的阳光之中。这个风格独特的小城，就连小巷也别具一格，地面的红砖都有着自己的故事。这些看似普通的景色却是托斯卡纳这个优雅之城最美丽的诠释。

如果想欣赏全部风景，我建议你坐上绚丽多姿的热气球，自由自在地翱翔在托斯卡纳的艳阳之下。不知道你是否还记得《托斯卡纳艳阳下》这部电影，电影里诠释了最美好的田园生活，男主人在开头说道："我打算在异国买一幢房子，它有一个美丽的名字，叫巴

爬满墙壁的植物为建筑点缀着绿意

摩梭罗。它高大、方正，是杏黄色的。巴摩梭罗是由渴望和阳光组成，就像我的内心写照：渴望阳光。"是的，在托斯卡纳，随处都可以见到这样的房子，这里所有的建筑都充满了历史的气息、阳光的味道。

当你徜徉在托斯卡纳湛蓝的天空中欣赏这复古建筑的同时，千万不要忘了别处的景色，如圣托圭酒庄，它能让你见识到酿酒背后的传奇故事。从城市上方俯瞰，酒庄满眼的绿色一直蔓延到远方，你能看见那被支撑起来的藤蔓正在奋力地向上攀爬着，一颗颗晶莹剔透的葡萄映入我们的眼帘。看着这一切，仿佛美味的葡萄酒正在呼唤你，邀请你来品味一下它的甘甜。

当然了，来到了托斯卡纳，就一定要好好欣赏一番这里的迷人农舍，这些农舍大都坐落于葡萄庄园、麦田，与大自然有着最亲密的接触。这一刻，最大的愿望莫过于置身于这一片宁静庄园中。

托斯卡纳无时无刻不在给予你惊喜，这里的艳阳可以掩盖所有的灰色情绪，来到这里的人，只需单纯地享受着这里的一切，就可将曾经的烦恼或者不快全部抛之脑后。遨游在托斯卡纳的天空中，不费吹灰之力就能将这个小城的景色一览无余。这片金黄色的城市，已经成为许多人的梦想之地。你可以随时随地按下相机的快门，将这美好的一切定格在你的记忆之中，或许多年之后，当你再来到这仙境般的小城，又会发现属于它崭新的美丽。这就是托斯卡纳，超越了时间和空间，不被世俗所束缚，每天的它都是全然不同的。它为每一个青睐它的人展现了自己最独特的魅力。飞翔在托斯卡纳艳阳之下，这美妙值得我们用一生去细细回味。

○ 托斯卡纳美丽的田园，朴实而简单　　　　○ 乘坐热气球飘浮在这片传说中的土地上

温馨提示

① 托斯卡纳早晚较凉，随身带件外套，以备不时之需。
② 托斯卡纳的维亚雷焦小城每年2月份都会举行嘉年华活动，这是意大利最著名的狂欢节庆祝活动之一。

昆士兰是喧闹的世界保留下来的一片净土，笔直的海岸线将它锁定在自己的世界里，用蓝宝石般的海水养育着这里的一切。

023

昆士兰
热气球爱好者的胜地

关键词：阳光之洲、热气球之旅　　国别：澳大利亚
位置：澳大利亚东北部

　　昆士兰是澳大利亚的阳光之州。这里气候温暖，海风和煦，空气清新，就像有个无形的过滤器，可以将所有的负面情绪都过滤在这个城市之外，来到这里，满满的都是快乐。说到昆士兰，总是会让人浮想联翩。想去这梦幻般的海中一探珊瑚礁的真面目；想静静地躺在这金色的沙滩上放肆地来一次日光浴；想行走在这有山、有水的城市，享受车水马龙与优美风景。

站在热气球上，能看到清澈的苍穹如青蓝色帐幕笼罩。放眼望去，大地是如此平坦广阔，如绿色的画布无尽蔓延

阳光海岸，美丽的沙滩，让游客流连忘返　　　　从上空俯瞰，礁岛宛如一颗颗碧绿的翡翠

不过来到这里，最让人兴奋也最难以忘怀的事情就是来一次热气球之旅。或许你会对我的提议不以为然，或许你已经有过多次乘坐热气球的亲身体会，但是这里的热气球之旅却会让你终生难忘，因为我相信这绝对会是你人生中仅有的一次唯美的热气球之旅。

从黄金海岸出发，看热气球渐渐膨胀开来，徐徐地向蔚蓝的天空飘升，温柔的海风拂动你的秀发，尽情地享受，连呼吸都会顺畅许多。俯瞰沙滩，那若隐若现的贝壳闪闪发光，细腻的沙子干净得没有一丝杂质，洋洋洒洒地被海风吹起，就像是给海岸蒙上了一层面纱。最让人兴奋的，是透过这蓝宝石般的海水可以看见海底珍奇罕见的珊瑚礁，还有自由自在游泳的鱼儿，它们追逐嬉笑，好不欢快。

热气球渐飞渐远，望着浩瀚的海洋，你甚至都找不到海天的分界线。不知不觉中，来到这个现代化都市的上空，这里没有熙熙攘攘的人群，每个人都是根据自己的节奏来生活，那些高楼大厦被参天大树遮去了一半，你甚至只能隐约看见它们斑驳的身影。整个城市都是围绕内海建成的，一边是高楼，一边是清澈的海水，你会看到许多帆船驶过城市的中心，还有一些快艇爱好者从你的脚边呼啸而过。

昆士兰是热气球爱好者的胜地。在这个以水为背景、以蓝色为基调的城市里，能看见五彩缤纷的热气球从上空悄然飘过，的确是一件惬意美好的事情。在这个阳光之州，一切都遵从自己的心，跟着感觉走。你甚至可以坐在热气球上毫无顾忌地放声歌唱，抑或是张开双臂拥抱属于你的一切。昆士兰好似一个单纯却又魅力十足的少女，她会让别人毫无防备就不顾一切地去拥抱她，去保护这般美好。这就是热气球的胜地——昆士兰，一个来过就不想错过的城市。

温馨提示

1. 乘坐直升机俯瞰珊瑚礁群是不错的选择。
2. 阳光海岸阳光强烈，注意防晒。

马赛马拉国家公园是大自然的本色，这里有动物的狂欢，有草原的广阔无垠，还有缥缈的天空。

024

马赛马拉国家公园
俯瞰动物狂欢

关键词：动物的天堂、动物狂欢　　国别：肯尼亚
位置：肯尼亚和坦桑尼亚交界处

　　非洲的国家，在大部分人的眼中，只有干旱闷热的气候和缺少生机的沙漠。其实这也在情理之中，毕竟它们不像沿海城市，舒适和谐，它们给人的感觉除了荒芜就是狂野。

　　其实每一个地方都有属于自己的美，如果说碧海蓝天是一种美，那么我们又有什么理由说荒芜凄凉不是一种美呢？肯尼亚的马赛马拉国家公园就是如此，它不愿生硬地改变自己，而是依旧保留着属于自己的独特韵味。

　　说到马赛马拉国家公园，你的脑海中马上会闪现各种动物，没错，这里就是动物的天

有水源的区域是动物出没的中心

◎ 结伴出行的长颈鹿　　　　　◎ 角马大迁徙

堂，各种各样的动物会让你见识到大自然的神奇。

徜徉在这一望无际、杂草丛生的草原中，欣赏着不同动物的姿态，是一种和大自然的亲密接触。但是距离也会产生美，作为一个游客，俯瞰动物的狂欢又何尝不是一种惬意而美妙的享受呢？毫无疑问，这种享受还需要借助热气球来完成。

一切准备就绪，只待轰隆一声，热气球升上天空，那些曾经在你眼中的庞然大物便慢慢地变成了一个缩影，但是它们的每一个动作你还是依稀可见。由此，你的热气球旅行开始了，你即将欣赏的是一场动物角逐的演出，是一场动物的狂欢。

最先映入眼帘的是正准备迁徙的角马群，而现在它们面临的最大的困难就是如何渡过马拉河，因为马拉河里有成群结队的鳄鱼在伺机而动。每年的马赛马拉草原上都会上演"流浪之歌"，看这些动物成群结队地"挥师南下"，这种壮观的场景，我想也只有在这里可以看得到。

浩浩荡荡的角马队伍矫健地蹚过了马拉河，当然也有几头成了鳄鱼的口中餐；再看凶猛的狮子，也有柔情似水的一面，与相爱的母狮依偎而眠；调皮的秃鹰全部集结在树上，眺望着远方；可爱的长颈鹿就像是草原上的侦察兵，眼观六路，耳听八方。动物们或嬉笑打闹，或角逐竞技，它们是这片草原的主人，都在用自己的正义捍卫这一切。

日落时分，草原渐渐地沉浸在一片宁静之中，草原上的动物们也渐渐地安静下来，经过一天的奔波，它们唯一的愿望就是安然地躺在温暖的家里，静静地做一个美梦。马赛马拉国家公园满足了我们的愿望，让我们见识到了真正的动物狂欢。

温馨提示

❶ 去马赛马拉前一定要打黄热疫苗，基本都要查并且必须在有效期内。

❷ 最佳旅游季节为7月至9月，可以看到规模壮观的野生动物大迁徙。

025

新墨西哥州
最美的十月天空

新墨西哥州，一个温暖干燥、荒芜却不荒凉的地方。不需要过多的修饰，它所拥有的迷人风景足以令人震撼。

关键词：热气球节、壮观
国别：美国
位置：美国西南部

提到热气球节，人们就会不由自主地想到这个现代与复古相结合的地方——美国的新墨西哥州。每年10月初，在这里你会看到一道美丽的风景线：五彩缤纷的热气球飘浮在空中，极其壮观。在众多的热气球同时升上天空的一刹那，所有的热气球爱好者都怀着一颗虔诚之心，想去一探这新墨西哥州的究竟。

10月，整个新墨西哥州笼罩在一种令人激动的氛围之中，蓝宝石般的海水冲刷着岸边的一切，那些高大的建筑在蓝天白云的映衬之下，显得更加鲜亮纯净。飘浮在新墨西哥州的天空之中，可以将这些美景尽收眼底。你能看见海鸥盘旋在海

◉ 700多个色彩艳丽的热气球飘浮在空中

○ 除了热气球，色彩绚丽的卡尔斯巴德洞也不容错过

平面上久久不愿离去，金色的沙滩上贝壳依稀可见，还有尽情享受这清凉的人们。现代化的建筑与古老建筑相结合的城市，虽然只差了一条街道，却恍如隔世一般。繁华与从容，青春与复古，截然不同的两种感觉。

坐在热气球上的你，唯一需要做的就是自由自在地享受这迷人的风景。这里没有城市的喧嚣与繁华，静谧淡然；红岩峭壁，从容地屹立在这片土地之上；透彻的溪流安静地从你脚下流过；岸边的水草随风摇曳。坐在热气球上的你似乎都能闻见那青草与泥土的芬芳。

一年之中，10月的新墨西哥州是最美的，而一天之中，傍晚时分是最美的。夕阳西下，此时的新墨西哥州被夕阳的光芒所照耀，天边是金色的一片。而将视线收回来，便看见了一片迷雾般的紫色。华灯初上，跨海大桥成为黑夜的焦点，大桥上的绚丽光芒就像是一条通往人间仙境的大道，可以实现你所有不切实际的幻想。

10月最美的天空在新墨西哥州。在这里，你可以忘记一切烦恼，看那绚丽的热气球

热气球节热闹非凡，精彩纷呈

在天空中来回飘荡，看地面上的行人们情不自禁地抬头仰望，你就知道这次热气球之旅绝对是值得的。

新墨西哥州带给我们的除了美景，更多的是震撼，就让我们一起沉醉在这10月的美丽天空之中，抛开心中的顾忌与不安。在这个非比寻常的城市里，来一次令人难以忘怀的热气球之旅，让时间定格在这一刻，不喜不悲，只是安静地享受着眼前的一切。

温馨提示

❶ 卡尔斯巴德洞里的蝙蝠非常多，大家在观看洞窟的时候要注意安全。

❷ 普通的客房里不提供一次性牙具和拖鞋，插座也和国内不同，出门时记得带上转换插头。

环球100 户外天堂

076

0²6

布里斯托尔

拥有 30 多年历史的热气球节

关键词：热气球的天堂、五彩斑斓
国别：英国
位置：英格兰西南部

人们对天空的向往从未停止，而英国的布里斯托尔就在用五彩斑斓的热气球点缀着自己，它热情、浪漫、活泼。在这里，随时随地都可以享受一次现实生活中的《飞屋环游记》。

威尔斯纪念大楼是当地一座新哥特式建筑

　　布里斯托尔这个城市与英国其他的城市一样，四处都有唯美的英式建筑，每个人都有与生俱来的英国绅士范儿。这个港口城市之所以会变身成为人们向往的天堂，还要从它的热气球历史说起。

　　从古至今，人们就没有间断过飞行的梦想，他们有着各式各样的想象，而热气球是他们探索天空的方式之一。布里斯托尔刚好抓住了这次机会，凭借着优雅的城市环境与自然风景，使这里成了热气球的天堂。不得不说，站在地表看地面和站在高空看地面绝对是两种截然不同的感受，当然，后者所带来的身心上、感官上的刺激是前者可望而不可即的。

　　热气球节的来临，使得这个原本清静的城市顿时变得热闹起来，错过了这场与热气球之间的约会，将会遗憾终生。我相信这里的热气球数量之多，造型之丰富，颜色之绚丽，绝对

◉ 横跨埃文峡谷的克里夫顿悬索桥与周围的自然环境完美融合，令人惊叹

◉ 飘在索桥上空的热气球，像花朵一样点缀在空中

是你之前参加过的热气球活动中从未有过的。

在布里斯托尔的户外草坪上，除了人头攒动，就是五彩斑斓的热气球了，每一个来到这里的人都想体会一番属于布里斯托尔热气球节的非同寻常。他们也想像《飞屋环游记》的男主人公一般，去探索天空的奥秘。

热气球已经蓄势待发了。看那大小不一、五彩斑斓的热气球一个个徐徐地上升，就像是一个个热情好客的天使，带着人们遨游在这天际之间。此时此刻是不是你眼中的布里斯托尔已经截然不同了呢？自由自在地翱翔在这湛蓝的天际之间，俯瞰整个布里斯托尔，就像是一个安谧宁静的小镇。看那房顶覆盖的红色琉璃瓦，将整个布里斯托尔的线条装饰得唯美悠长；再看那郁郁葱葱的树木和绿茵茵的草地，由浅绿色变成了墨绿色。游荡在这一望无际的土地上空，呼吸着新鲜的空气，我想只能用惬意来形容眼前的这一切了。

在布里斯托尔这个充满多元文化气息的城市，热气球节更是为它增添了几分魅力。当你乘坐热气球飞行在布里斯托尔的城市上空时，你就会发现这里的热气球体验是无与伦比的，没有哪个城市可以与它相媲美。让我们一起携手走进这个浪漫又复古的城市，一起去享受这场热气球的盛宴，来一场视觉与感官相结合的奇妙之旅吧。

第三章 云端漫步

温馨提示

❶ 所有室内公共场所，包括酒吧均禁烟。

077

环球100
户外天堂

078

027

佐贺县
亚洲热气球之乡

一个小小的县城，却拥有碧海蓝天、浪漫雪山、文化宫殿。这就是日本的佐贺县，一个令人遐想联翩、无尽向往的天堂。

📍 关键词：热气球之乡　　国别：日本
　　　　　　　　　　　　位置：九州岛西北部

📍 佐贺国际热气球大会，热气球的火光照亮了夜空，分外壮观

📍 樱花怒放的景观公路

　　日本的佐贺县是个散发着各种奇异气息的小县城。它之所以令人心驰神往，还要归功于它独特的地理位置。毫不夸张地说，这里满地都是财富。潮涨潮落之间成就了这里的美味海鲜，日出日落间成就了这里的唯美之境，一眼望去，佐贺县留给我们最多的便是满目的美景。

　　缱绻的白云忽走忽停，被海风刮起的浪潮一层又一层地扑向海边，碧蓝的海水让人沉浸在这悠远的梦境中不想醒来，而五彩斑斓的热气球便给佐贺县带来了非凡的活力与青春。在这多姿多彩中，佐贺县迎来它的辉煌与灿烂。

　　作为亚洲的热气球之乡，佐贺县实至名归。登上热气球的那一刻，你便知道接下来的风景会让你终生难忘。看着自己渐渐地离开了地面，佐贺县的全景就这样被尽收眼底。一片片整齐划一的农田首先映入眼帘，即使在空中，也能闻到泥土散发的芬芳；将视线拉远一点，你便可以看到属于佐贺县的特色建筑，这里没有什么高楼大厦，只有一些和风建筑，每一间屋舍都有着浓厚的日本文化气息。仿佛自己已经穿越到了古时的日本，听一首日本小调，抿一口清酒，这便成了

◉ 日式城堡

人生的全部。

　　这里的天空很低，仿佛只要一伸手就能够到，但是我觉得佐贺县最唯美的风景还是火烧云。当你坐在热气球之上，看火烧云一点点吞没湛蓝的天空，你便会情不自禁地想将这一切拥入怀中，只希望这一刻就此凝固，只愿沉醉在这美丽风景之中，不想醒来。整个天空在火烧云的作用下，已经变成了金黄色，这金黄色就像碧浪一样，从中心向天空的两边扩散开来，中心的颜色是最为明亮的，周围便渐次暗了下去。这时的佐贺县已经完全地沉浸在了这种火烧云带来的激情之中，这唯美景色，在你按下快门的那一刻便被定格。五彩斑斓的热气球零零星星地点缀在两边，壮观华丽、美妙非凡。

　　这一刻你是不是明白了热气球带给你的感动？这就是佐贺县成为亚洲热气球之乡的理由，不需要华丽的辞藻，因为你已经欣赏到了这里的美景；你已经亲身体会到热气球所带来的视觉和感官上的享受。这一次旅行终究会成为我们这辈子弥足珍贵的记忆。

温馨提示

① 日本没有支付小费的习惯，吃饭或入住时，无须给服务人员小费。

② 最佳旅游时间是3月至5月，此时是樱花开放的季节。

魁北克省
承载着你的城堡梦

儿时的我们都有一个城堡梦，希望自己是城堡的主人，主宰一切，魁北克省就是这个让你梦想成真的人间天堂。这里的城堡数不胜数，每一座城堡都有属于自己的故事。

关键词：城堡、童话　　国别：加拿大
位置：加拿大东部

8月份的魁北克省颇有情调

　　魁北克省坐落在海边，蜿蜒的海岸线将魁北克省变得更加梦幻迷离。远远望去，茂密的树林之间零星地散布着城堡。踏上这片土地的那一刹那，就有一种已经来到了童话世界的感觉，一切都似梦境一般，让人感觉不真实到希望时间静止。

　　如果你想一探城堡的究竟，那么坐上热气球，从魁北克省的上空俯瞰是一个不错的选

像彩虹一样颜色丰富的热气球

择，每一种类型的城堡都被你尽收眼底。

　　当整个魁北克省还处于一片朦胧之中时，你就可以为热气球之旅做准备了。在蜿蜒的海岸边迎来魁北克省的黎明，看周围的一切渐渐地从睡梦中苏醒，迷离却缥缈。在日出之前，一定要确保自己坐上了热气球，因为你将迎来一天之中最美的时刻。太阳渐渐从海平面探出了头，海天相接的地方，已经被日出时的红晕染红了一半，而你尽情地享受着清晨的海风以及渐渐增强的光芒，在你抬头间，魁北克省已经在不知不觉中笼罩上一层粉红色的光芒。原本如幻境的城堡变得更加扑朔迷离，你甚至都不敢呼吸，生怕这一切就如泡沫般，一触即破。

　　此时的你，就像鸟儿般自由自在地飘在这人间仙境之中。蓝天白云、海洋城堡，无一不是美妙非凡的景色，你可以淡定从容地看尽这里的每一寸风景。日出的时候，魁北克省从沉睡中醒来，带给人们欢乐的气息；而坐在热气球上迎接日落，你便会体会到另一番绝美的风景。

　　天空中的湛蓝渐渐暗淡了下来，取而代之的是火红色。晚霞拉长了魁北克的线条；海平面上的海鸥也在低空盘旋，仿佛在寻找归处。此时魁北克的城堡已经完完全全沉浸在一片金黄色中，仿佛这些城堡已然变成了金碧辉煌的宫殿。金黄色的城堡渐渐退去了耀眼的光芒，天色也渐渐变暗，原本喧嚣的城市一下子安静下来，唯一能见的就是行色匆匆的行

第三章　云端漫步

081

海边矗立着红色的灯塔点亮了一切

人,还有奔驰着的轿车。忙碌了一天的城市此时此刻也将停止奔波,在安静的黑夜里好好释放自己。在魁北克省的城堡之间看尽了人生的日出日落,一天的结束却也象征着另一天的开始,热气球承载着你的城堡梦,让你看尽这里的每一处景色。

温馨提示

❶ 教堂是一个庄严肃穆的地方,如果去教堂参观切勿大声喧哗。

❷ 游客在魁北克省购物是不退税的。

029

阿尔卑斯山脉
将冰川尽收眼底

关键词：心目中的圣女、冰山
国别：瑞士、奥地利等国
位置：欧洲中南部

在这里，你可以享受从春天过渡到冬天的刺激变化。一个生机勃勃，一个冰冷洁白，这就是阿尔卑斯山脉，一座与众不同、魅力十足的山脉。

◎ 马特洪峰是阿尔卑斯山脉中最著名的山峰

阿尔卑斯山脉一直是人们心目中的圣女，无数人想要登上它的最高峰，一睹这位圣女的面容。她神秘、恬静、淡定、从容，用世间一切美好的词汇来形容她都不为过。远远望去，阿尔卑斯山脉就像是冰火两重天，近处是一片翠绿色的草地，上面遍布着一些瑞士风格的建筑，复古、脱俗。接着慢慢放宽你的视野，映入眼帘的就是一片冰山，圣

渐渐升空离开地面的热气球

马特洪峰的观光列车是阿尔卑斯山区最好的交通工具

洁、纯净，像水晶宫殿一般让人沉醉其中，无法自拔。

此时，坐上热气球，让它带你进入这幻境，将一切的与众不同尽收眼底，我相信这会是你人生中的一次震撼旅行，令你终生难忘。随着热气球渐渐地升入空中，那些调皮的云朵在头顶走走停停，阿尔卑斯山脉渐渐缩小，最后你便可以看到阿尔卑斯山脉全景。远处，一条火车轨道为冰冷的雪山点缀了一丝色彩；火车的鸣笛声回荡在阿尔卑斯山脉，悠远绵长；环绕在冰山周围的树木与草地，为整个沉闷的冰山带来活力。这一切让阿尔卑斯山脉变得亲切可爱。

当然，我们的视线还是要锁定在这绵延不绝的冰山之上。坐在热气球上，或许你还是能感受到这冰川的寒气逼人，但是这一切都是值得的。当你看到水晶般的冰川在你眼前勾勒出千姿百态时，你一定会感慨不虚此行。这些冰川，有的像高大耸立的劲松，直指苍穹；有的像高贵优雅的丹顶鹤，默默地眺望着远方；有的像雄狮，保卫着家园。

俯瞰冰山绝对是一种美妙的体验，当你飘浮在整座冰山之上时，只能用惬意来形容这一切。阳光洒在冰山之上，折射出耀眼的光芒，此时的它们就像是一颗颗等待被雕刻的钻石，虽然没有任何修饰，但是依旧绚丽夺目。你能看到冰川上岁月刻下的一条

◉ 滑雪是不可缺少的活动

条痕迹，这是阿尔卑斯山脉的风留下的印记。冰川的坚强令人折服，它们永远保持着自己最纯真的本色。

　　攀爬阿尔卑斯山脉，你可能只能见到冰山一角，但是当你坐上热气球时，你看到的便是整个阿尔卑斯山脉。那看似冷酷的冰山其实也有它火热的一面，它们用自己的热情让整个阿尔卑斯山脉变得生机勃勃，似人间天堂，尽管寒冷，但能让人的心灵得到净化，这次旅行绝对会成为最弥足珍贵的记忆。让我们一起出发，穿梭在阿尔卑斯山脉中，将这冰川美景尽收眼底吧。

温馨提示

❶ 阿尔卑斯山脉主要分布在瑞士和奥地利境内，可以选择去瑞士坐热气球。

莱比锡

飞跃城市上空

关键词：唯美景色、惊艳
国别：德国
位置：萨克森州

> 这个城市年轻却韵味十足、浪漫却不附庸风雅。这里有气势恢宏的管弦演奏、有高贵圣洁的教堂，这就是人们眼中的『小巴黎』。

五彩斑斓的热气球

神圣的教堂恢宏壮观

莱比锡这个城市就像是一个蒙着面纱的少女，她有着少女般稚嫩的情怀。走在这个城市，总是让人觉得一切像是在梦中，仿佛只要多凝视一会儿，她就会红了脸。我们穿梭在欧式建筑中，看青砖铺成的道路上洋气的马车配着嗒嗒的马蹄声。

来到莱比锡，一定不要忘了坐热气球，飞行在这浪漫的城市上空，从不同的视角来体会一下这个城市的非同寻常。

俯身静静地欣赏着属于莱比锡的唯美景色，在这里，你看不见行色匆匆的路人，只有那躺在绿色草坪上惬意谈笑的人们和那在河中泛舟高歌的人们。莱比锡的节奏很慢，每个人都是走走停停，不忍心错过任何的美景。虽然你会觉得这些景色只在梦中才可能出现，但是这一切并不是南柯一梦，每一寸美

绿意盎然的莱比锡城充满文艺情调

景都是我们可以触摸到的。

　　自由翱翔在万里无云的湛蓝天空，你给了莱比锡青睐的眼神，它则用这一切来装饰你的梦。从高空中看，莱比锡给人的第一印象就是整齐，大多数建筑的高度都相差无几。一眼望去，莱比锡仿佛破土而出，远方的天际就像是一个穹顶，心甘情愿地成为这座梦幻般的城市的守护者。

　　傍晚时分的莱比锡是最迷人的。当你飘浮在空中，看太阳的光芒一点一点地淡去，取而代之的是那勾人魂魄的彩霞。此时，整个莱比锡被笼罩在一种紫色的梦幻之中。街头开始亮起灯，莱比锡在璀璨光芒的折射下更加完美灵动。在城市上空，就像是看到宇宙里的繁星点点，这星星五颜六色，每一颗都绚丽夺目。这个时候的莱比锡也是最热闹的，你可以听见悠扬的风琴声，婉转动人的歌声，还有萦绕在耳旁的钟声。

　　看着莱比锡渐渐地淹没在黑夜中，一切又归于平静，只有点缀在城市中的繁星依旧熠熠生辉。这一天的莱比锡不仅仅是美丽，更多的是惊艳。或许从这一刻你会发现，一个面积并不大的城市里，却能蕴含许多的故事与风景。或许这只是它的一部分，它的韵味，需要我们用心去品味；它的魅力，需要我们用心去发现。这就是人们眼中的"小巴黎"。

> **温馨提示**
>
> ❶ 当地有很多具有浓郁德国气息的教堂，非常值得参观。
>
> ❷ 博物馆一般是每天上午 10 点开馆，下午 5 点闭馆，如果参观一定要注意时间。

第三章　云端漫步

087

环球100 / 户外天堂 / 088

031

台湾热气球嘉年华
趣味与美景一个都不能少

关键词：如痴如醉、令人向往
国别：中国
位置：台湾首台东市

热气球嘉年华是一场感官和视觉的完美体验，在台东这个简单明净的小城里，热气球绝对是一种美妙绝伦的体验。看那湛蓝的天空中飘浮着五彩斑斓的热气球时，你绝对会感慨不虚此行。

不管用多么华丽的言语来形容台湾热气球嘉年华的不同寻常，你都无法感同身受，只有亲眼所见，亲身体会它带来的快乐，你才能够发现。或许台东这个地方没有像世界其他地方那样处处充满了大自然赋予的良好先天条件，这里并不是台湾的历史名城，它只是一个简单的小城市，但是它简单的外表下却给我们带来了惊艳。

登上热气球，享受御风而行的畅快

踏上这片土地，你就会发现这里的热气球活动绝对是充满色彩的。或许你已经不是第一次乘坐热气球飘浮在天空中，或许你已经对这一切司空见惯，但是这里有很多种热气球，总有一款会让你心动，你再也不用单调地选择气球的颜色，你可以选择它们的类别。如果你想像向日葵一样，永远朝着太阳的方向盛开，那就别犹豫，乘坐向日葵外观的热气球，与天空来一次亲密接触；如果你童心未泯，那么卡通类型的热气球可以满足你孩提时代的梦，让你进入一个只属于自己的童话世界；如果你想跟自己心爱的人一同见证这美妙的一刻，别着急，你完全可以坐上心形的热气球，与爱人一起看云卷云舒。说到这里，我想你也应该明白了台湾热气球嘉年华的最大特点，那就是满足不同人群的不同需求，当然，不要以为这就结束了，其实这仅仅是个开始。

在热气球上看日落，如醉如痴

当与云儿并肩前行时，一定不要忘了脚下的美景。或许你正飞到了花海的上空，这里有成片的向日葵，看着它们一个个都心满意足地笑着，你的心情是不是也舒畅了许多；或许此时的你正越过高山，俯视一望无际的平原，看那绿油油的草地，你的胸怀是不是开阔了许多；或许此时的你正坐在热气球上看到今天的日落，看夕阳的余晖洒满整个大地，是不是顿时有一种如痴如醉的感觉。

没错，这些热气球带给我们的不仅仅是身体上的享受，更是心灵的净化，从天空中俯瞰我们生活的地球，你会发现原来一切都这么美妙。当然，如果可以，大家还可以坐上热气球去欣赏台东的夜景，在这个并不大的城市里，所有的事情都按部就班地进行，你感受不到生活的压力，只享受到这种安静祥和的夜晚给我们带来的舒适与惬意。台湾这个地方，不仅仅是热气球的故乡，而且还是一个令人向往的地方。在这里，你不仅可以得到欢乐，还可以欣赏美景，我相信这是许多拥有热气球的城市所给不了的。

温馨提示

❶ 花东纵谷是台东著名的旅游景点，千万不要错过。

❷ 小琉球是台湾唯一的珊瑚礁岛屿，每天都有固定的轮船出海到达小琉球，最好提前确定末班轮船的返回时间，以免错过返程的轮船。

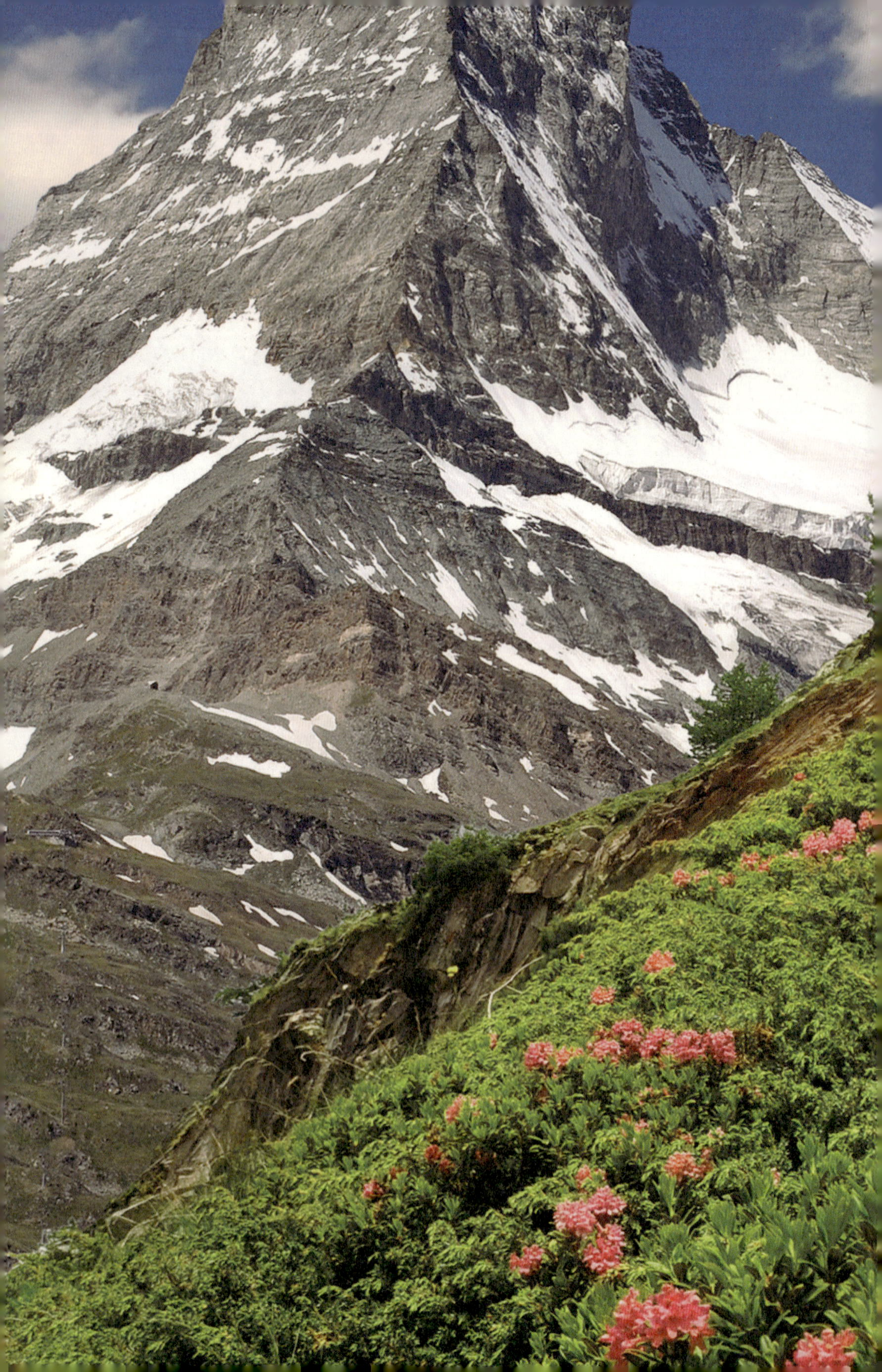

第四章

岩壁芭蕾

高耸的山峰
总是会带给我们无尽的快感，
坚硬的岩壁
总是会激发我们内心的征服欲。
触碰着冰冷的岩壁，
却能清晰地感受它内心的热忱。
在这绝处逢生之际，
演绎人生最美的篇章，
舞出高贵优雅的芭蕾，
你便是那攀岩的白天鹅，
散发出最耀眼的光芒。

"船长峰"
攀岩者的极限挑战

你是否对垂直陡峭的岩壁情有独钟？你是否迷恋极限挑战所带来的刺激与满足？你是否也想在大自然中尽情地释放自己，只为寻找那最初的梦想？这一切美国的「船长峰」都可以满足你。

关键词：极限挑战、攀岩者的荣耀
国别：美国
位置：约塞米蒂国家公园

"船长峰"几乎没有缝隙的垂直岩壁，对攀岩者来说极具挑战性

在去往约塞米蒂国家公园的路上，你可以欣赏到圣弗朗西斯科国道上的美丽风景，自由、舒适的感觉充满全身。驾车3个小时左右，约塞米蒂国家公园就进入了你的视线。在这里你可以见到蝴蝶森林，这里有罕见的红杉，也曾经作为电影《猩球崛起》的外景地。说到此，你不妨放慢脚步，好好地感受一番这静谧祥和的大自然景象。穿过蝴蝶森林，你就能看到"船长峰"，能看到一座座山峰如孤独的勇者，守卫着约塞米蒂国家公园。

"船长峰"没有想象中那么高大，但是这并不意味着你可以轻易地战胜它。要知道，有多少攀岩运动的爱好者在攀爬的过程中放弃了，看着终点近在咫尺，却无法抵达，这就是"船长峰"的魅力所在。它的岩壁与地面成90°，而且岩壁是由花岗岩组成，攀爬的过程中，攀岩者们没有任

○ 约塞米蒂国家公园是大自然最下功夫的作品

何外力能推动自己前行，因为在这个岩壁上没有任何缝隙，这也加大了攀爬的难度。

　　清晨的第一道曙光已经洒在了大地上，攀岩者蓄势待发，积攒了全身的力量想要完成这一次的极限挑战。他们的体力非常充沛，但随着时间一点一点地流逝，太阳在不知不觉中移到了头顶，攀岩者此时口干舌燥，大汗淋漓，面对炙热的太阳，他们有点力不从心，但是依旧有一部分人在奋力地攀爬着。他们的心中只有一个信念，那就是抵达山顶，争取属于攀岩者的荣耀。

　　熬过中午的这段时间，接下来就舒服很多，扑面而来的微风给了攀岩者坚定的信心。夕阳西下，白天喧嚣热闹的约塞米蒂国家公园渐渐归于平静，但是攀岩者依旧努力向上攀爬着。此时攀岩者的体力已经消耗殆尽，支撑他们的是信念，是作为攀岩者应有的毅力和恒心。

　　黑夜已经慢慢袭来，天空中繁星点点，繁星散发出的光芒照亮了攀岩者前行的路。安静的夜晚，"船长峰"旁瀑布的声音震耳欲聋，这种声音让攀岩者得到了一丝安慰，让他们知道自己不是一个人在奋斗。攀爬的过程虽然艰辛，虽然有无数次想要放弃的念头，但是最后勇者的决心战胜了一切，到达山顶的那一刻，他们内心的激动我们永远都无法感同身受，但是我相信绝对是幸福的。

温馨提示

① 约塞米蒂国家公园内的约塞米蒂瀑布位置极为险要，参观游览时一定要注意安全。
② 蝴蝶森林里面有很多稀奇物种，在参观的时候注意保护它们。

第四章　岩壁芭蕾

093

芒特索尔悬崖
最纯粹的垂直岩壁

芒特索尔悬崖是上天对攀岩爱好者们最好的恩赐，地球上最纯粹的垂直岩壁可以让攀岩者们得到一场最完美的洗礼，享受那105°的倾斜角带来的完美挑战。

关键词：垂直的岩壁
国别：加拿大
位置：努纳武特地区巴芬岛

芒特索尔山是加拿大最高的山峰，岩壁是由纯花岗岩组成的。整个山峰就像是一个倾斜的横切面一般，挺拔地矗立在加拿大的这片土地之上。放眼望去，最先映入眼帘的就是芒特索尔悬崖，不仅是因为它的海拔高，更是因为它独特的造型，这种不对称美让人怦然心动。

攀岩者非常享受这座倾斜的山峰给他们带来的挑战与乐趣，想要征服这座垂直的岩壁，唯一的方法就是从侧面站到立足点。可能是因为它特殊的弧度注定了，从一开始，攀岩者就要付出比平时更多的努力才能完成这次挑战。看着绵延起伏的山脉，这里仿佛就是人生的最高点，踩在芒特索尔山脉之上，内心一定非常激动。

攀爬开始的时候，这一切还并没有那么难，但是随着攀爬高度的增加，芒特索尔悬崖的弧度也逐渐变大，你会发现攀爬越来越不易，似乎

英勇的攀岩者

一直在进行后空翻的动作,已然失去了重心。除此之外,岩石也越来越滑,之前的积雪并没有化去,这给攀岩者的攀岩活动增加了难度,他们需要及时调整,去缓解这重心不稳的尴尬。

因为芒特索尔悬崖的整个岩壁都是笔直地矗立在那里,所以攀岩者很难找到合适的落脚点,他们甚至连休息的地方都找不到,只能身体紧贴着岩壁,因为只要有丝毫的松懈,芒特索尔悬崖就会毫不犹豫地把他们推进万丈深渊。

用"蜘蛛侠"来形容芒特索尔悬崖上的攀岩者是最合适不过的,他们的生命就在这悬崖绝壁上不停地徘徊。每一次的攀爬都需要屏住呼吸,每一次的攀爬都不能掉以轻心。

当然了,攀爬的过程中也一定要好好欣赏属于芒特索尔悬崖所特有的风景。看一座座山峰坚定地屹立在那里,或高或低;看湛蓝的天空就像是蓝宝石一般纯粹得不夹杂一丝丝杂色,飘浮不定的白云随意地变换着自己的姿势。这一切美景之下,攀岩者忘却了一身疲惫,唯一的念头就是抵达那个神话般的山顶,去眺望那里的风景。

这一切或许并没有我们想象中的那么难,尽管是与地面垂直的岩壁,但是只要我们有信念,就可以征服它,成为真正的勇者。每一个人都有属于自己的梦想,攀岩者不停地挑战极限,其实就是不断实现自己梦想的一个过程,只要有毅力与恒心,就可以战胜所有的困难,披荆斩棘,抵达人生的巅峰。攀岩对我们而言,虽然是个极限挑战,但是大多数人都是输给了自己的恐惧,其实只要有信念,你就有可能实现自己的梦想,获得属于攀岩者的荣耀。

温馨提示

❶ 巴芬岛上有一家博物馆,因收藏因纽特人的艺术品而举世闻名,里面的展品都极具历史价值,参观时不要随便触摸,且不要大声喧哗。

环球100 / 户外天堂

034

罗赖马山
寻找"失落的世界"

罗赖马山是被世界遗忘的一处天堂，是上天的眼睛。那火红的岩壁就是上天闪动的明眸，给予每一个攀岩者力量。

关键词：上天的眼睛、傲岸
国别：巴西、委内瑞拉和圭亚那三国交界处
位置：南美洲北部

  罗赖马山独特的桌面形状，让它的美丽也变得不同寻常。在这个周边都是海洋的南美洲，只有它像个超级英雄一样，矗立在那里。从远处看，你会发现它的岩壁是火红色的，像是绽放的花朵，面对恶劣的环境依旧执着地盛开着。

  罗赖马山就像是上天的眼睛，注视着周边的动态，它的高度决定了它可以环视一切。

罗赖马山，山体边缘直上直下，顶部平坦，对于攀岩者确实是很大的挑战

◉ 罗赖马山从平原上隆起，像一艘大船的船首　　　　　◉ 站在海岸上，享受真正的海阔天空

当然，对攀岩者来说，罗赖马山就像是死神一般，稍微一个不留神，就可能从高高的岩壁上跌落到深不见底的海水之中。即便是这样，也无法阻挡冒险者们的脚步，因为对于他们来说，征服了罗赖马山，将是他们攀岩生涯的莫大荣耀。

每一个见到罗赖马山的人，应该都能体会到它的孤单。它形单影只地屹立在那里，周围的一切都无法与它相提并论，它就像是一个遗孤，沉浸在自己失落的世界里。望着它傲岸的身影，直指苍穹，云雾都环绕在它的周边，此时的罗赖马山就像是被遗落在空中的大陆，漫无目的地飘浮着，如梦境般虚无缥缈。

攀岩者整装待发，向这座孤立傲岸的山峰发起了进攻。罗赖马山的岩壁极其陡峭，与地面几乎垂直，再加上它是独立于其他山体的，自然而然地加大了攀岩难度。即便你是身手矫健、经验丰富的攀岩者，也不能掉以轻心，因为一个小小的失误可能就要付出生命的代价。在云雾中攀爬会有一种腾云驾雾的感觉，你甚至会觉得这只是自己的一个梦罢了。当然，这一切绝对是真实的，只不过是因为景色太美，你才会将自己完全地融入这缥缈的境界之中。此时的你只有一个目标，就是到达罗赖马山的山顶，一睹它的风采。

阿瑟·柯南·道尔在看到了罗赖马山之后，便写了一本名为《失落的世界》的小说。在这本小说里，罗赖马山所带给人们的情感通过一个虚拟的世界被表现得淋漓尽致。但是攀岩者的到来却给罗赖马山带来勃勃生机，看那一个个攀岩者在这失落的世界里寻找自我，实现梦想，我想罗赖马山的内心也是极其欣慰的。因为它终于实现了自己的价值，它为人们带来了激情和荣耀，它不再沉浸在自己失落的世界里，而是为别人带来无穷的快乐。

第四章　岩壁芭蕾

温馨提示
❶ 这里有世界最高的瀑布安赫尔瀑布，如果想一睹瀑布的美景，最好选择雨季前往。

097

鬼怪峰
冰川间的足迹

冰川的纯洁让我们无比向往，冰川的优雅是我们不懈的追求。最令人沉醉其中的还是在冰川之间来一次攀岩挑战，在这冰川间激发出自己巨大的潜能。

关键词：遥不可及、冰川之美
国别：加拿大
位置：加拿大北部

巍峨的落基山脉自北向南绵延起伏，从加拿大不列颠哥伦比亚省到美国西南部的新墨西哥州，南北纵贯4800多千米。整个落基山脉由众多小山脉组成，在这众多的山脉之中，隐藏着各种险峻怪异的山峰，受到攀岩爱好者的青睐，鬼怪峰就是其中之一。加拿大鬼怪峰因所处纬度较高，所以山脚下分布了大量的寒带针叶林。一场大雪让这些翠绿的针叶林上挂满了积雪，绿色和白色交相辉映，非常惬意。再来看看鬼怪峰的岩壁，全部是墨色的岩石，每一块岩石的轮廓都非常鲜明，从远处看，似乎是一块块岩石像拼积木一样搭成了这鬼怪峰。

攀爬鬼怪峰不仅需要勇气，更需要很好的技术和很强的应变能力，因为这里的地理条件比想象中恶劣许多，如果攀爬技术有所欠缺，那么就有可能因此而丢了性命。鬼怪峰两侧的冰川就像是鬼怪峰的守护者，仿佛在告诉世人，鬼怪峰不容侵犯。也正是因为这两座冰川，加大了攀岩者的攀爬难度。因为他们无法找到合适的立足点，只能小心翼翼地走在冰川之间。

可能是因为气候所致，鬼

○ 白云笼罩的落基山脉

巍峨的落基山脉中怪峰林立，远远望去，直插云霄

怪峰的岩壁饱经沧桑，这些都是大风留下的痕迹；看看山顶上已经被打磨得透亮的岩石，就知道岩壁自古以来经过大自然的严酷雕琢。在这里，很少可以看见湛蓝的天空，只有厚重的白云笼罩在鬼怪峰的周围，让人无法呼吸。这一切的景象都像是告诉人们，暴风雨即将来临。

每一次攀岩者将自己的足迹留在冰川之间，他们都是自豪的、光荣的。当然，登上鬼怪峰的攀岩者少之又少，不是因为不够勇敢，而是太困难，他们只好放弃。极限挑战成功的荣耀背后，绝对有无法名状的辛酸史。当你登上鬼怪峰的那一刻，俯视山脚，仍然是一片朦胧的世界。因为寒气环绕在山边，星星点点的针叶林银装素裹，就像是圣洁的少女一般，不允许任何一个人来玷污这美好与纯净。

鬼怪峰给我们的印象是遥不可及的，它的艰险、它的陡峭，让多数人都只敢远远地欣赏它的冰川之美。它就像是一个不苟言笑的冷美人，因为在这冰川之中待了太久，所以忘记怎么微笑了。但可能就是因为这种冷酷的外表，才让越来越多的人想要温暖她，融化她。征服鬼怪峰不仅让人有荣耀感，更重要的是会让更多的人来一探她的庐山真面目，或许她没有我们想象中的那么冰冷，或许她也有一颗激情昂扬的心，让我们行走在这冰川之间，留下我们的足迹，为鬼怪峰增添些许色彩。

> **温馨提示**
>
> ❶ 攀登鬼怪峰时，一定要系上安全带和保护绳，配备绳索等，以免发生危险。
>
> ❷ 鬼怪峰地理条件非常恶劣，一定要做好规划和安全措施。

百内塔主峰
无法抗拒的魅力

关键词：雄奇险秀、唯美　　国别：智利
位置：百内国家公园

热情如火，便是智利；魅力四射，便是百内塔主峰；将山地、冰川、河流、湖泊完美结合，便只有它了。面对百内塔，人们从未停下追逐的脚步，去追寻它迷人的风采。

　　从远处眺望，百内塔主峰就像是遗落在人间的天使，看着朵朵白云盘旋在峰顶之上，你根本就不会想到这样的一座山峰却有如此美的景色。横亘在百内塔主峰前面的是一片草原，看着那黄绿相间的野草随风飘舞，像是在为这孤傲的山峰跳一支倾世之舞，只为博它一笑。百内塔主峰的岩石颜色是渐变的，最底层是幽幽的黑色，依次往上看，颜色便越来越淡，但是到山顶的时候，颜色却又突然变暗了。落日时分，你又会看见百内塔主峰一半是灰色，一半是金色。

　　冰川与百内塔主峰遥相呼应，清澈的河流与湛蓝的湖水相互衬托，勾勒出一处人间仙境。在这里，攀岩者可以欣赏到多种类型的地貌；在这里，攀岩者可以看到千万条纵横交错的峡谷；在这里，你会被百内塔主峰的魅力所折服。

　　我想来这里攀岩的人们是幸运的，因为他们不仅可以享受极限挑战带来的快感，还可以在这重重美景之中净化自己的灵魂。攀爬在百内塔主峰之上，他们一个个身手矫健，步伐沉稳，时而低头看看脚下的美景，时而看看湛蓝的天空，看那交错的峡谷在他们的脚下肆意蔓

雄奇险秀的百内塔主峰，让攀岩者无法抗拒

百内国家公园特有的栗色羊驼

延,这种感受是在攀爬其他的山峰中体会不到的。百内塔主峰上的岩石凹凸不一,这也加大了攀爬的难度,当然,有经验的攀岩者可以借助这一地理条件,帮助自己完成此次的挑战。

这里的天空永远都这么清澈空明,没有任何杂质。在这里,你完全不用担心在攀爬的过程中会碰上极端天气,只要你准备充足,随时都可以出发。到达山顶之后,你可以真切地体会到一览众山小的气魄与魅力,整个巴塔哥尼亚平原就在脚下,你可以一睹它的风采。那无数条相互交错的峡谷就像是百内塔主峰的血管,里面流淌的都是属于这片土地的血液,它的魅力于攀岩者来说,是无穷无尽的。攀岩者们根本就无法抗拒这山脉给他们带来的诱惑,除了本身对攀岩的热爱,他们更多的是被这豪迈却又细腻的风景勾住了魂魄,从此欲罢不能。

是的,百内塔主峰之所以能成为世界十大攀岩胜地之一,并不是因为它多么陡峭,多么险峻,而是因为攀岩者在攀岩的过程中,不仅可以享受到极限挑战的乐趣,更可以一览唯美的风景,这种双重收获是在别的地方得不到的。

第四章 岩壁芭蕾

> **温馨提示**
>
> ❶ 百内国家公园里天气变化多端,一定要准备好雨具。

101

环球100 户外天堂

037

马特洪峰
坠落之殇

它是平原上挺拔的劲松，它是神圣不可侵犯的圣洁之躯，它是瑞士人心中不可替代的骄傲，它便是马特洪峰，阿尔卑斯山脉一道亮丽的风景线。

关键词：险峻、魅力四射
国别：瑞士
位置：瓦莱州小镇采马尔特

> 矗立于山腰的民屋，周围绿草如茵，令人豁然开朗

　　远远地望去，马特洪峰像是在画里一般，它就像一把顶天立地的锥子，岿然不动地屹立在那里。放眼望去，它的前面是纯净的湖水，就像是一面镜子，让马特洪峰可以时时刻刻保持完美的形象，以最美的姿态展现在人们的面前。

　　不知道是不是因为马特洪峰太高了，让人误以为山上有一条通往天堂的路。这里的环境让人无比地自在与放松,每一个人在看到那缱绻的白云和湛蓝的天空时,内心都会变得平静。马特洪峰高耸入云却不孤单,因为每天都有不同的游客和登山者来一睹它的风采。可能是因为它本身的险峻,让许多人望而却步,很多想要征服它的人也半途而废。可能就是因为人们内心强烈的征服欲和好奇心才让它魅力四射。

马特洪峰上的积雪并不多,但是你依旧可以远远地看见它纯净透亮的一面,它以一柱擎天之姿,直指苍穹,夕阳西下之时,你便会看见山顶上多年的积雪折射出一种金属的光芒,绚烂耀眼。

毫不夸张地说,马特洪峰在每一个季节都是迷人的,即便在下雨天半个山峰都被乌云笼罩的情况下,一道闪电直直地劈下来,仿佛是山峰自己发出的一道光芒,想要挣脱黑暗的束缚,获得重生。攀岩者从踏上山峰的这一刻开始,就要承受它与众不同的气质,它的锥形山峰注定会加大攀岩的难度。既然作为瑞士人眼中的骄傲,必然有它的过人之处,正是因为它的难以征服,才会让所有充满挑战决心的人跃跃欲试。

看马特洪峰突兀地矗立在那里,你的内心或许有些恐惧,毕竟它的险峻陡峭是一般人所无法承受的。每年都有很多前去探险的人因为缺乏经验、意外等永远留在了那里。勇于尝试的人都是值得敬佩的。当你征服了整个山峰之后,你一定会庆幸自己没有放弃,因为登山的过程中,你会看到属于马特洪峰不同时段的美丽。清

◎ 在山花的掩映下,仍可看到一柱擎天、直指天际的马特洪峰

坐缆车游览，壮丽的景观尽收眼底

晨，看马特洪峰渐渐从黑暗中苏醒过来，睡眼蒙眬的它是墨绿色的；正午的时候，你可以看见它被雪覆盖之后的纯净与空明；夕阳西下的时候，你可以看见余晖洒落在它身上，此时的它是金黄色的。马特洪峰是多变的，是魅力十足的，它勾动了人心深处最为柔软的东西。或许此时的你就只有一个简简单单的愿望：在山下定居，每天欣赏这动人的美景，便足够了。即便它的险峻让无数人望而却步，但是它的美并不会因此而大打折扣，每一个想要征服它的人从来不会后悔。美丽如它，信念如你，不舍不忘，不怯不弃。

温馨提示

❶ 冰川天堂位于马特洪峰附近，那里拥有欧洲最高的缆车站和观景点，上面风非常大，最好准备一副眼镜。

038

拖雷山

攀岩者的荣耀

它虽然没有高耸入云的岩壁,但是凭着恶劣的气候条件得到了挑战极限的人们的青睐。阿根廷拖雷山,以自己独特的方式成了攀岩胜地,让每一个攀岩者都以征服它作为莫大的荣耀。

关键词:极端天气、巍峨
国别:阿根廷
位置:巴塔哥尼亚

当你踏上这片土地的时候,就会发现它与众不同,除了陡峭,更多的是它所处的位置非常特别。它坐落于阿根廷冰川公园内,在这里,你不仅可以享受到攀岩的快感,还可以体会到极端天气带来的刺激。

远远望去,你可以看见拖雷山的山顶直指苍穹,屹立不倒的山峰像是一个路标,指引着攀岩者不断向上攀爬。你依稀可以看见拖雷山上未融化的冰雪,在主峰的旁边,还点缀

◉ 拖雷山非常陡峭,不少攀岩者都以能登上这座险峰为荣

着许多小山峰,它们就像是主峰的使者,守护着每一个来此挑战的人。

一切准备就绪,就可以正式向拖雷山发起挑战了。看着被冰雪笼罩的拖雷山,你或许心里会有一丝怯懦,但是这种情绪很快就会被想要征服它的欲望所吞噬,是的,登上山顶将成为你一辈子的荣耀。远远看去,我们只能看见湛蓝的天空、巍峨的拖雷山,还有不断向上攀爬的人们。当然,攀爬的过程并没有你想象的那么简单,因为这里的极端天气远比你想象的更加恶劣。或许在攀爬的过程中,会突然电闪雷鸣,狂风大作,乌云密布,整个拖雷山被裹上一层黑色的外衣。此时的你已无法放弃,唯一的选择就是迎风

坐在清如明镜的湖边，心如止水

而上，任凭那厚重的雨点打在脸上，即便模糊了视野，也要不屈不挠地攀爬。当你已经在狂风暴雨中战胜了自己，天空又渐渐地改变了原本阴沉的面孔，太阳会毫不犹豫地突出重围，用那最强烈的光芒给予你致命一击。但是面对太阳的炙烤，你无法抗拒，尽管大汗淋漓，尽管口干舌燥，但是为了攀岩者的荣耀，你必须前行。

快抵达终点的时候，也是最让人痛苦的时候，山顶未融化的积雪让你无法轻松前行，你必须踩稳脚下的每一步，依靠自己的臂力一下一下往上，或许此时你已经筋疲力尽了，但是只要你一松手，便会跌进万丈深渊。在坚持抵达目的地之后，你会有一种无法言表的兴奋，一种一览众山小的豪情壮志，此时的你会觉得自己闪闪发光，因为你得到了属于攀岩者的荣耀。曾经的不可能在这里一一实现，你成了众人瞩目的对象，成就了自己的骄傲，这一切都是别的攀岩地所给不了的。这就是拖雷山的魅力，一座并不高的陡峭山峰，却成了每一个攀岩者所追求的荣耀象征。这是一场荣耀之战，只要你有勇气，只要你有毅力，荣耀的光环就是属于你的。

温馨提示

❶ 巴塔哥尼亚气候条件恶劣，素有"风土高原"之称，在攀登拖雷山时一定要选择合适的天气。

"无名塔"峰群

世界上最长的攀岩路线

关键词：最长、险峻奇秀　　国别：巴基斯坦
位置：巴托罗冰川

看火红的花岗岩在这里成就了一次又一次的奇迹，看世界垂直落差最大的悬崖为攀岩者带来一次又一次的荣耀。"无名塔"峰群，用它最长的攀岩路线打动了每一个攀岩者的心。

"无名塔"峰群处于参差不齐的状态，在冰雪覆盖的风景中突出的山尖犹如鲨鱼的牙齿一般，这里是每一个攀岩者梦想中的"香格里拉"。在这里，你可以看见陡峭垂直的冰山谷、险峻奇秀的岩壁，还有白雪皑皑的山脊。

◎ 无名塔群峰群峰耸立，像鲨鱼的牙齿一般

罕萨河从远山之中蜿蜒而来，河水衬托着两岸已被秋色染黄的树木，显出一片宁静，有世外桃源的感觉

  攀爬"无名塔"峰群的路线有很多种，攀岩成功的人会发现，"无名塔"峰群有4处山顶，因为走的路线不一样，抵达的终点也会不一样。触摸那火红的花岗岩岩石，你的内心会像这岩石一般激情澎湃，此时的你只想用自己全部的热情去完成这次挑战，希望让自己成为一个成功的攀岩者。

  看着被冰川所包裹着的"无名塔"峰群，每个人都会有点犹疑不决，毕竟在攀岩的过程中，有着太多的意外，或许因为一时冲动，就要付出沉重的代价。但是很快这些想法就

被我们内心强烈的征服欲所掩盖，所有的信念都是到达山顶，成为攀岩者中的王者。

　　陡峭的岩壁，世界上最长的攀岩路线，积雪重重的岩面，这些困难毫无疑问加大了攀岩的难度。他们在攀爬的过程中必须全神贯注，否则就要为自己的失误买单。"无名塔"群峰层次都很鲜明，岩壁都是由一块块棱廓分明的岩石组成的，每一座山峰的高低都不一样，这就造成了一种一山更比一山高的完美视感。

　　不过值得一提的是，"无名塔"群峰的山脊线只有一条，而且很容易被发现，这在一定程度上降低了攀岩的难度。一边攀爬，一边欣赏那些美景，好不惬意。虽然这条攀岩路线比一般的山峰长很多，但是在这白雪皑皑、冰川交错的美景下，你的心情也会得到放松，仿佛瞬间你就已经接近山顶。

　　当然，越接近终点，面临的困难就会越多。此时的山顶积雪已经冻结成了厚厚的冰块，攀爬的难度随之加大，攀岩者们如果不小心，就会前功尽弃。面对着布满冰块的岩壁，攀岩者们要使出浑身解数，抓住岩壁的每一寸，才能确保自己不会滑落。值得欣慰的是，这种路程不会太长，终点近在咫尺。

　　站在峰顶，你能看到脚下那片金黄色的沙地，能看到更加透彻明亮的天空，能看到更加纯白洁净的云，你仿佛就是宇宙的主导者，周边的一切都在等你发号施令。这便是属于胜利者的心境与幸福。

温馨提示

❶ 最佳的旅游时间为 10 月至次年 2 月。

❷ 罕萨河谷是巴基斯坦最有名的旅游胜地之一，这里的秋天是最美的，建议大家可以秋天前去游览。

莱雷海滩
岩壁上的舞蹈

这里有美丽的海岸线和金色的沙滩，这里是罕见的海滩与大陆遥遥相望的景点，这里便是莱雷海滩，坐落于海上的悬崖峭壁，是攀岩者的天堂。

关键词：岩壁、舞蹈
国别：泰国
位置：甲米市和奥南市之间

莱雷海滩独特的地理位置造就了它的魅力，如果你是一个攀岩爱好者，没有在独一无二的莱雷海滩岩壁上"跳一支勇士的舞蹈"，那只能用遗憾两个字来形容你的攀岩生涯。

莱雷海滩的石灰岩峭壁之所以得到这么多人的青睐，不仅是因为海滩优美绝伦的风景，更是因为它相对放松的环境，让人感到惬意和自在。莱雷海滩的岩石峭壁下有一个钟乳石洞穴，传说里面的女神会保佑每一个攀岩的人平安归来。

当你准备齐全之后，就可以出发了，伴着一层层海浪的声音，你便可以踩着沉稳的步子征服这悬崖峭壁了。攀岩这项运动本就是为有勇气的人量身定做的，多少人都不惜远道而来，只想见识一下真正属于莱雷海滩的风采。看着海浪拍打礁石，攀岩者更加精神饱满，他们的目标就是征服这个悬崖峭壁从而成为最强者，而海浪的声音是对他们最好的鼓舞。海鸥也从远处飞来，为攀岩者伴奏。此时此刻，攀岩者已经摒除了一切杂念，唯一的目标就是到达最高处，坐拥整个莱雷海滩的风景。或许此时的攀岩者已经大汗淋漓，或许他们的体力会透支，但是这些对他们似乎没有任何影响，他们忘却了所有的疲惫，一心只想到达最高点。

甲米神圣威武的神殿

温暖清澈的海水，彩色的木船，使得甲米到处充满诗情画意，美不胜收

夕阳西下，清晨出海的渔船已经陆续地回到了这个温馨的港湾，落日的余晖洒在攀岩人粗壮坚实的臂膀上，一滴滴汗珠在余晖的衬托下显得更加耀眼。看那火红但已经不再刺眼的太阳渐渐落下，我们的攀岩者也步入攀岩的尾声。在一步接一步地向上拼搏的过程中，太阳渐渐地消失在了海平面上，周围的一切开始由聒噪变为宁静，仿佛所有的人、所有的事物都在屏气凝神，见证攀岩者最后的胜利。天色渐渐地暗下来，伴随着最后一缕光芒，攀岩者胜利抵达岩顶，他们挥舞着双臂表达此时的激动与兴奋，他们的攀岩舞蹈完美收场。莱雷海滩上已经留下属于他们的痕迹，毕竟陡峭的岩壁才是攀岩者们最终的归宿，他们如女神所期盼的那样，平安归来，而且是载誉而归。如果你想创造下一个奇迹，那一定要来莱雷海滩证明自己的实力，让自己的舞姿永远定格在那一刻。

温馨提示

❶ 除了攀岩，这里还可以进行荒岛漂流、荒岛探险等户外活动。

❷ 莱雷海滩的日落非常美，不可错过。

第四章 岩壁芭蕾

111

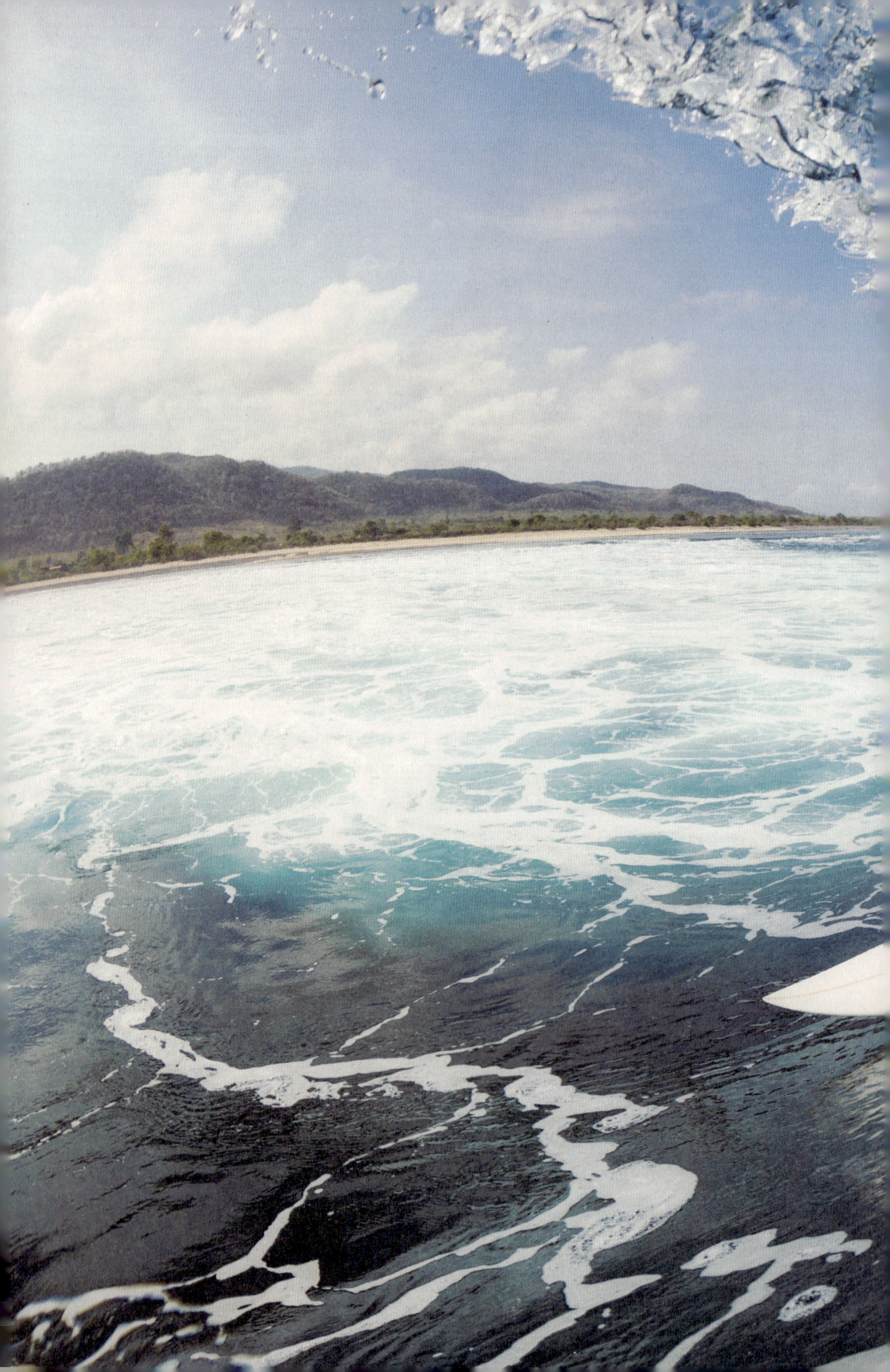

第五章

浪花之舞

漫步在洁白细腻的海滩，
感受那热浪来袭的浪漫。
看性感的激流肆意飞舞，
你便是这海浪的主宰。
在这波涛汹涌的海面
演奏一首首生命狂想曲，
在海与浪之间演绎最完美的篇章。
让我们一起融入这海浪，
来一场激情浪漫的踏浪之旅。

马德莱纳群岛

性感的激流大回旋

关键词：海上橡皮艇、蓝色大回旋
国别：加拿大
位置：魁北克省的东部

什么是性感？坐落在加拿大海岸的蓝色精灵——马德莱纳群岛温和的气候、和煦的海风、温柔的海水和明媚的阳光一定能给你一个满意的答案。

马德莱纳群岛，论秀丽它稍逊巴厘岛，论精致它略输威尼斯，论大气它不及火山岛，论沉静它也不如格陵兰，但它是一座集这些特点于一体的完美胜地。马德莱纳群岛是一座有着令人惊叹的温和气候和非常稳定的平均气温以及金色阳光、湛蓝海水和黝黑砂石的温柔海岛。

但这份温柔只是马德莱纳群岛的外衣，它火热的内心深处，真正的激情与性感都集中在海岛下那一片蓝色的海湾上，那里有令所有游客都为之倾倒、情有独钟的海上运动——马德莱纳群岛海上橡皮艇。

无论是专门追求速度的高速艇、体验激流乐趣的漂流艇，还是用于近海垂钓的钓鱼艇；无论是享受划船乐趣的手动艇，还是用于勘察的工作艇，这里的橡皮艇种类繁多、型号各异，总有一款适合你。

选择好合适的橡皮艇，2～5名游客共同乘坐一只，所有人穿戴好救生衣坐在橡皮艇中，抓住橡皮艇，便会顺着海流划向碧波之上。马德莱纳群岛的海水温柔时静若处子，小小的橡皮艇在海面上如平湖泛舟、缓缓而行；狂野时动若脱兔，橡皮艇如野马脱缰、起伏跌宕；冷酷时如冷面杀手，遇直道一马平川、冲锋向前；勇猛时如持剑花旦，遇转弯剑锋回转、险象环生；沉寂时岁月如歌，橡皮艇行至宽处艇随浪行；火暴时狂风骤雨，橡皮艇划入窄处激流勇进。

橡皮艇上的游客们就在这激荡起伏、峰回路转的漂流旅途中，一路纵情尖叫、畅爽开怀。当橡皮艇的前行速度过快以至于几乎不受控制的时候，游客紧紧抓住橡皮艇，集中精力尽力躲避岩石等障碍物，任由水花溅满全身。

温和与狂野并存，温柔与性感结合，才造就了这完美的旅游胜地。但这并不是马德莱纳群岛的全部，它真正的性感之处要数每年9月举办的举世闻名的激流大回旋比赛——蓝

在温柔的海面划着小小的皮划艇

色大回旋。

　　在每个游客的心中这场与浪相逐的比赛的胜负并不重要，重要的是乘坐橡皮艇穿峡谷、越海浪，在湍急的海浪之中左冲右突，与浪共舞之时欣赏到的风景、迸发的智慧、拼搏的胆识和抛洒的汗水。在尖叫和欢笑声中，游客们收获的是前所未有的愉悦，这就是马德莱纳群岛海上橡皮艇运动的真谛。

> **温馨提示**
>
> ❶ 在游玩过程中最好携带凉鞋。
> ❷ 如果要携带相机拍风景，注意做好防水措施。

042

夏威夷
最刺激的冲浪胜地

关键词：人间天堂、冲浪
国别：美国
位置：太平洋中部

夏威夷全年风和日丽，气温变化不大，没有季节之分，空气湿润，水蓝天晴，海水的平均温度在27℃左右，是冲浪运动的绝好场地。

在地球这颗美丽的蓝色星球上，存在着许多宛如仙境一般的美景，它们都是大自然的馈赠，而夏威夷群岛则是一个不可多得的人间天堂。

深蓝色的海浪漫天卷来，它带着来自海岛中央矗立着的郁郁葱葱的山崖的问候，缓缓卷向宽广无垠的海岸。海岸连着浪，海浪映着山；山头白色的海鸟像一面雪白的旌旗，徜徉于碧蓝的天际；山下几棵零星的椰子树在海风的吹拂下随风摇曳，摇入夏威夷群岛轻纱似的梦境中。于是，这个远离了城市喧嚣的梦境便成了美国人享受生活、追逐海浪的绝佳去处。

但在当地人心目中，夏威夷热辣刺激的海上冲浪才是他们最引以为傲的。这里有着幽邃的山崖夹缝和奇特的岩石峭壁，还有猛烈的海风和惊人的海潮，它们都是最好的造浪高手，能轻而易举地掀起惊涛，造起声势浩荡的海浪，从而创造最佳的冲浪环境，吸引来自全世界的冲浪爱好者们。

蔚蓝色的大海惊涛拍岸，飞溅的浪花如雷声轰鸣，与其只是漫步在夏威夷金色的沙滩上遥望这场视觉盛宴，不如拿起一块冲浪板，踩着柔软的沙滩，一步一步走进不羁的海浪中，亲自领略真正的夏威夷热浪。

在比较浅的海水里热过身后，冲浪者们带着冲浪板纷纷游入海中。在温和阳光的映衬下，他们黝黑又结实的臂膀犹如镀上了一层金边，缓缓划动深入水中，轻轻拨起一波又一波轻盈的浪花。等到离浪头近了，他们

冲浪是夏威夷一项具有活力的刺激运动

威基基海滩位于夏威夷檀香山，有细致洁白的沙滩和摇曳多姿的椰子树，是假日休闲的理想之地

稳住身体，缓缓地站了起来。有的人初学冲浪不久，动作缓慢而小心，而有的人却早已掌握了冲浪的诀窍，他们迎浪而起，借势冲上浪头，矫健的身姿像一只灵活的猎豹，在波涛汹涌的海面上驾浪前行，乘风起舞。他们的冲浪动作动感十足，身影灵动优美，引得无数冲浪初学者们跃跃欲试。

在夏威夷海面的浪尖上，时常还能看到冲浪高手在浪花翻滚的大海上完成一个个精彩绝伦的跳跃动作。他们自由前行，无拘无束。对于他们而言，脚底下的冲浪板就像是与浪合鸣的独特乐器，在合鸣的协奏曲悠扬而起的那一刻，自由的心灵在海天之间飞跃。

经历海上冲浪，体味蔚蓝情怀。在冲浪的那一刻，将心灵放逐在这片让人心醉的太平洋上，释放自己的内心，全身心投入纯洁的大海之中，这或许就是夏威夷群岛的真谛。

直到夜幕降临，冲浪者们才意犹未尽地带着冲浪板，踩着夕阳余晖，回到沙滩上。倾泻的海浪还在身后奔腾，浪涛还在拍打岸石，发出雷鸣般的咆哮。夕阳西下，晚霞红遍，浪花漫卷。潮水退去的山崖边上，椰树在海风中摇曳。远处海天渺茫，天空星星点点。总是会有一缕湛蓝，在入夜时候，静悄悄地移入梦境，让多少人如痴如醉。总是会有一阵阵激烈的波涛声，在耳旁回响，让人梦回激烈热情的夏威夷去冲浪，在那无尽的蔚蓝色的太平洋上沉沉浮浮。

温馨提示

① 亚利桑那号战列舰纪念馆每天都会在珍珠岛游客中心免费发放门票，但是只有2000张，想去的一定要把握好时间。

② 这里的海滩非常美丽，但是在享受日光浴的时候，一定要注意防晒。

第五章 浪花之舞

117

温哥华岛

在最好的季节去冲浪

关键词：冲浪胜地、多芬诺
国别：加拿大
位置：不列颠哥伦比亚省（卑诗省）

在450千米的跨度里，海滩、高山、湖泊、溪流和河谷并生，共同造就了这片别具风情的土地——温哥华岛。

想要放松心情，想要感受阳光，想要拥抱大海，那么就一定不能错过"北美地区最佳岛屿"——温哥华岛。它温柔多情，见证了海鸥与海的热恋；它包容万象，容纳了地球上最多样化的生态系统；它千姿百态，雨林、沼泽、草甸、山脉、海洋、河流和湖泊都是它

温哥华岛附近海中凶猛的杀人鲸

多芬诺景色如诗如画

幻化的模样；它变化多端，气候和植被每隔一段就有所不同。在它多变的世界里，唯有一处始终占据着温哥华人心中的一隅，那便是冲浪胜地——多芬诺。

摊开加拿大卑诗省的地图，多芬诺这个坐落于温哥华岛的小村，虽然毫不起眼，然而但凡去过这里的人，都难以将它从心里抹去。它风景如诗，享有"加拿大最美西海岸"的称号；它三面环海，占据绝佳的地理位置；它亲近自然，每年都会有大量的大自然爱好者、露营爱好者和冲浪爱好者等一切想要亲近自然的游客前来。但无论是带着何种目的前来的游客，最终都会被这片以温柔著称的海岸所征服。

与绝大多数冲浪胜地不同，多芬诺骨子里的那份温柔是与生俱来的。它宽容地接纳每一缕横冲直撞刮入海域中的莽撞的海风，百炼钢化为绕指柔，再将它吹入金色的海岸，送去一片清凉。它可以将每一朵浪花变成老朋友的问候，让每一颗来自尘嚣世界的心灵得到安抚。最重要的是，它可以耐心教导每一位来到这里的冲浪初学者，像良师，又像益友。

坐落在温哥华港湾的皇后大酒店

　　来到多芬诺，只要你有一块冲浪板，就可以从这一望无际的洁白沙滩，直接踏上那片湛蓝的温柔海面。汩汩而动的海浪一波接一波，而此时你若是俯卧在冲浪板上，就一定能感受到那宛如春风般细腻的浪花，正紧贴着你的胸口；也一定能听到耳边回响着的清脆的海浪声，那是多芬诺常年吟唱的安神曲，能抚平你心中初次学习冲浪的紧张与不安。

　　渐渐地，冲浪板被推向了浪边。当海浪涌起时，在教练的指导下无数冲浪者俯卧在冲浪板上迅速滑到浪峰较陡的位置，直到一个浪头接近时用力蹬水。他们默念着冲浪的要诀，一边迅速朝岸边游去，让冲浪板以足够的速度保持在海浪的前面，一边缓缓站起身子，双脚前后自然站立，双膝自然弯曲，尽力控制方向，登上浪头疾行。

　　这一系列动作对于初学冲浪的游客来说并不是件容易的事情，在站上冲浪板的那一刻难免会因为重心不稳而跌入海中，但温哥华岛海浪温柔的怀抱会接住落水的游客。即便没有掌握冲浪的诀窍，在这里，游客们永远是那么无拘无束、畅爽开怀。有些人相互之间并不认识，他们半个身子浸在海水中，一只手抱着冲浪板，另一只手向着对方拨弄海水，互相嬉戏。浪花滔天，水声和笑声此起彼伏。而远方，夕阳西下，日落太平洋的绝美画面更是让人有行至世界尽头之感。

温馨提示

❶ 温哥华岛是一处著名的葡萄酒产区，品尝可以，但是要适量。
❷ 坐落在港湾边上的皇后大酒店充满英式风情，值得一住。

044

阿加迪尔海滩

冲浪初学者的最爱

关键词：最安全、梦幻　　国别：摩洛哥
　　　　　　　　　　　　位置：非洲西北部

气候宜人，一步一景，说的便是有着"烈日下的清凉国土"美誉的摩洛哥。它是一个风景如画的国家，是当之无愧的"北非花园"。

东接阿尔及利亚，南邻西撒哈拉，西朝大西洋，北望西班牙与葡萄牙，斜贯全境的阿特拉斯山将南部撒哈拉沙漠的热浪隔绝，于是，地处中心的摩洛哥就像是蚌壳里璀璨的珍珠，纵情地闪烁着最耀眼的光芒。

从弥漫在菲斯和马拉喀什阿拉伯人聚居区的味道，到大西洋海岸上，一遍遍轻抚着一座座传奇城市的城墙的多情海风；从里夫拔地而起，伸入阿特拉斯山脉中部一路绵延到柏柏尔人村的数不清的山峰，到突尼斯的金色沙滩；从撒哈拉沙漠中一笔一画的沙画到宛如艺术作品的起伏的沙丘线条，摩洛哥惊艳的自然美景正如电影《卡萨布兰卡》中描绘的那样，总是无处不在，无一不刺激着游客的感官。

准备去冲浪的少年

但很少有人知道摩洛哥阿加迪尔海滩是世界上最甜蜜、最安全的冲浪场所之一。它位于摩洛哥西南，背依富饶的苏斯平原，面朝碧波浩瀚的大西洋。在大自然的精心雕琢下，风景优美、四季如春的阿加迪尔不仅成了许多摩洛哥人心目中最漂亮的城市，更摇身一变，成了冲浪初学者的天堂。

浓郁的历史气息，使得阿加迪尔海滩的美多了份神秘的梦幻色彩，仿佛一盒等待人们去拆开包装、用心品味的巧克力。而这里的海浪就像是盒子上柔滑的丝带，只有解开

阿加迪尔海滩是最安全的冲浪场所之一

它的那一刻才能真正体味到当地的异域风情。

或许沙滩都是千篇一律的，但与其他冲浪胜地不同的是，阿加迪尔海滩的浪总是充斥着数不清的温柔，就像它的颜色——海蓝色一般柔和，但不是忧郁的蓝色，而是鲜艳但毫不刺眼的蓝色。这意味着每一朵浪花都是对初学者的真诚鼓励；每一声海浪声都是对初学者的肯定；每一个浪头都是一双温柔的手，耐心教导每一位踏上冲浪板的游客；每一个浪尖都会耐心等待初学者缓缓从冲浪板上站起身子，静静地等待他们适应乘浪的感觉。

乘上海浪，用心体会这个受到上天眷顾的国度，无论是三毛前世的淡淡乡愁，还是电影里走出来的卡萨布兰卡，又或者是地中海边的童话世界，它用海浪洗涤着每一位游客的灵魂。或许正因如此，阿加迪尔海滩才会成为许多冲浪初学者心目中的首选。

温馨提示

❶ 摩洛哥不同地区气候不同，一定要记得根据当地天气增减衣物。

热情洋溢的桑巴舞曲，激情狂野的狂欢节，鲜嫩多汁的巴西烤肉，富饶迷人的热带雨林，亲眼见证过巴西美景的人都会情不自禁地呢喃一声："巴西人太幸福了。"

费尔南多－迪诺罗尼亚岛

冲浪全年无休

关键词：旷世美景、冲浪节
国别：巴西
位置：南大西洋，圣罗克角东北360千米处

用古典融会流行，用前卫冲击传统，用热情打破成规，巴西就是这样一个有奇特魅力的国度。几乎全世界的人都知道它的浪漫与热情，尤其是在这片热情洋溢的桑巴土地上，当得天独厚的地理条件和无数的海浪沙滩结合后，这个热情的国度便成了顶级的冲浪天堂。

而在巴西众多冲浪胜地中，最值得一去的便是享有诸多世界级美誉的费尔南多－迪诺罗尼亚岛：拥有大自然精心雕琢的旷世美景。天然的细沙，清澈的海水，高大的海浪，天空中的海鸟像一枚枚子弹射入水中捕鱼，无数游客从世界各地不远万里赶到此地，就为了看一眼那水晶般的蓝。

它拥有绝佳的冲浪环境。近海处是翻腾的大浪，蓝色的浪谷和白色的浪峰此消彼长，一波波地涌来，一次次地冲击，阳光下的冲浪板如同一支支灵活的画笔，只为在这海平面上画出最艳丽的画。

它也是人文荟萃的焦点。巴西每年都会在这里举行盛大的冲浪节，无数专业冲浪选手会在这里展示他们娴熟的技术、惊险的瞬间和优美的姿态，无数观众会为之欢呼、振奋。

海浪不休，冲浪不止，这就是费尔南多－迪诺罗尼亚岛。无论男女、贫富、种族和国界，都可以齐肩走在海滩细软的白沙上，拖着长长的冲浪板奔向海面，分享着阳光和海浪。在这里，或许身旁站着的

夕阳下，沙滩上玩足球的少年活力四射

◉ 在海滩享受休闲时光的人们

当地的稚嫩青年就是深藏不露的冲浪高手，当然也不乏跃跃欲试的冲浪新手。在大自然无私的赠予面前，他们一同登上海浪的最高点，以蓝天为背景，笑声是最自然的音乐，每个人都能抛开自身的约束，尽情投入自然中，在海浪上尽情尖叫、尽情欢笑。直到时间慢慢过去，夜幕逐渐降临，原本那一汪碧蓝色渐渐褪去，海水转而映上了薄暮的彩霞。傍晚时分的费尔南多-迪诺罗尼亚岛已经全部笼罩在这如迷雾般的橘红色之中，朦胧且更添一分温婉。海滩边的小街上已经撑起了伞，摆出了座椅。与海浪相逐了一个下午的游客陆续回到伞下，一边端着饮品，一边聆听美妙的桑巴舞曲，一边放空自己。温柔的海风轻抚过脸庞，眼前美丽的落日余晖和暮色下的海浪如同在梦中。

◉ 干净温和的海水像花海一样冲上海滩，在蓝天白云的映衬下，一切都是那么迷人

温馨提示

❶ 游客可以乘坐飞机抵达费尔南多—迪诺罗尼亚岛，着陆后可以乘坐沙滩车出游。

❷ 费尔南多-迪诺罗尼亚岛的野生生物十分珍贵，在游泳时最好不要涂防晒霜。

046

拜伦湾

冲浪嘻哈风

这里是"乌托邦",它纵容着人们最狂野的本性,它释放快乐感染着每一个人。它就是冲浪者的乐园——拜伦湾。

关键词：天堂、冲浪乐园　　国别：澳大利亚
位置：新南威尔士州

　　澳大利亚的最东边有一片令人神往的瑰丽风景——绵延数千米的黄金沙滩、令人纵情其中的海浪、超凡茂密的绿树、壮观的火山以及每天最先迎来的澳大利亚的第一缕晨光。这就是位于澳大利亚新南威尔士州东北角的拜伦湾，它曾是原住民阿拉库瓦人心目中的"Cavvanbah（相遇的地方）"，如今，它是来自世界各行各业的名人、艺术家、新青年、背包客和冲浪爱好者心目中的天堂。

　　走近拜伦湾那片长长的金色的冲浪海滩，成排的棕榈树面朝大海，潮湿的带着淡淡腥味的海风从四面八方涌入，贴着脸，撩着发。滑过耳际的风声混着时而雄壮、时而舒缓的浪花拍岸声，宛如一支美妙的乐曲。而透过这声声天籁之音，仿佛能穿越海滩上所有喧嚣，去看一看这个被碧蓝的海水包围的世界。

　　极目远眺，蓝海与远天相接，犹如一块精心雕琢过的蓝色宝石，闪烁着蓝色琉璃瓦的光泽。再近一些，白浪滔天，船帆点点。再近一点，无

汹涌澎湃的巨浪吸引着冲浪者

第五章　浪花之舞

125

澳大利亚的日出将拜伦湾染成红色

数名游客正踏着冲浪板乘风破浪，晒得古铜色的皮肤在阳光的照耀下闪烁着质朴的金色光芒，或许这就是阳光对冲浪爱好者最真诚的鼓励。

浪尖上，冲浪高手们各展身手。他们时而乘浪而来，犹如脚踏七彩祥云，惹来岸上一片喝彩；时而身体弯曲，从翻卷的巨浪中间直冲而出，仿佛刚从巨兽之口脱身，惊得岸上一阵尖叫；时而又俯卧在冲浪板上，惬意地、自由地、漫无目地地划动着。也有许多刚学会冲浪的游客试图挑战这片海域，他们没有娴熟的技术，也没有精彩的动作，甚至在他们踏上冲浪板的时候会稍显笨拙以致从冲浪板上跌落下来。无数道被激起的雪白的浪花在风中摇曳生姿，咸苦的海水瞬间淹没味蕾，他们抹去脸上的海水，笑容依旧灿烂，无数痛快、酣畅淋漓的笑声响彻海面。唯有与海浪零距离接触，才不枉此行！

在过去的几十年光景里，不计其数的建筑师和设计师将自己的才智融汇其中，加上迷人的风景和清凉的白色浪花，共同形成了这座不落窠臼的海边小镇，叫人如入蓬莱之境，安若天堂。或许正因如此，今天拜伦湾才会成为厌倦都市生活的人们的避风港，才会成为澳大利亚最受欢迎的冲浪乐园之一。

耸立在山崖上的拜伦角灯塔，是拜伦湾最著名的建筑

温馨提示

① 拜伦湾每年的12月至次年2月是旅游旺季。

② 每年9月份有"滋味拜伦节"，喜欢美食的游客一定不要错过。

047

比亚里茨

皇室也爱的冲浪小镇

比亚里茨的规模还不及一个小镇，但从一个多世纪前，它就是欧洲上流社会最青睐的度假胜地。这里有全世界最古老的民族，也见证过两任国王的浪漫爱情。

关键词：世外桃源、激烈刺激
国别：法国
位置：比利牛斯山和粗犷的海岸之间

曾有人说："如果喜欢浪漫与奢华就去巴黎，如果喜欢明星与电影就去戛纳，如果热爱葡萄与美酒就去波尔多，而如果热爱身心的宁静与冲浪的激情，那么，摊开法国的国家地图，沿着法国大西洋沿岸看去，就在比利牛斯山和粗犷的海岸之间的比亚里茨，一个有着得天独厚的宜人气候的豪华度假胜地，就是你想要的答案。"

绵长的金色沙滩海岸线，宽阔的沙滩，庞大的巨石，大西洋的浪花卷着银白色的雾朝着沙滩奔赴而去，不远处的崖壁和沙滩之间，紫色和蓝色的绣球花迎着海风尽情绽放。如果碰巧遇见雨天，雨停之后，阳光穿透云层洒向大地，耀眼的光芒普照比利牛斯山的群峰，直到光线一点点地染红山与海。看到这样的景致，人们不禁会感叹，比亚里茨果然是天堂。

尽管比亚里茨从最南边的城堡到最北边的灯塔的距离只有3000米，但是3000米的海岸线跌宕起伏，也并不平整，整个比亚里茨的规模甚至不及一个小镇。但它毗邻大西洋、北接以惊涛骇浪闻名的"爱之星"海滩，横穿圣马丁山峰和拉塔拉亚高地前端，以绝佳的地理位置成为无数冲浪爱好者心目中的绝佳冲浪胜地。

每年都有众多的观光游客和欧洲贵族聚集在这里，就连欧洲许多重要的冲浪比赛也选在这里

冲浪运动爱好者可以在半岛上尽情体会比亚里茨带来的无穷乐趣

第五章　浪花之舞

127

走在海边，比亚里茨的豪华与浪漫一览无余

举行。或许谁都不会相信，就在18世纪中叶，比亚里茨还只是一个仅有3000居民的小渔村，直到拿破仑三世和欧也妮皇后来到这里避暑，并在此地建造了一座夏日行宫后，这个不为人知的世外桃源才终于有机会扬名世界。

所有人都是带着与这片海浪亲密接触的心情来到这里的，而想要真正亲近这片海域，唯有携一块冲浪板，在这澄澈的碧蓝海洋中来一场激烈刺激的踏浪之行。

这里的浪如晶莹的雪花一般沁凉，当双手探入海水中的那一瞬间，所有的害怕与顾虑都消失无踪，取而代之的是登上浪尖的勇气与决心。然而冲浪并不是件容易的事情，尤其是比亚里茨的浪，它就像带刺的玫瑰，看似温柔的外表下是狂野不羁的心，众多冲浪者刚冲上浪头就跌落水中。但就是这份放浪与激情并存的快感，勾起了无数冲浪爱好者的征服之心，令他们欲罢不能，就只想在这天光云影、碧浪滔天中驰骋，让那沁心透凉的水花拂过脸颊，让时间永远铭记那无拘无束的笑声。

如果你还在几个冲浪度假胜地间举棋不定，不妨到比亚里茨体验一次皇室冲浪，它正如一首抒情诗中描写的那样："闻一下粉红的绣球花，触摸一下高高的海浪尖上的白色浪花，让细沙轻轻地从指间滑落⋯⋯或许还会感到疑惑，所看到的到底是海上的'绿光'，还是电影中的烟花？"

温馨提示

① 比亚里茨附近有 10 多家高尔夫球场，冲浪结束后还可以适当打打高尔夫放松心情。

② 皇宫酒店非常奢华，有条件的游客可以入住，还可以一睹当年两任国王的浪漫爱情。

048

湘南

太平洋的澎湃海浪

关键词：《灌篮高手》、青春
国别：日本
位置：神奈川县相模湾沿岸地区

这个面朝太平洋的小镇，安静而贪婪地沐浴着阳光。海风吹拂，即使是冬天都能感受到温暖。这里是湘南海岸，漫画《灌篮高手》里的海岸。

当江之电小火车穿梭在湘南的海岸和住宅之间的时候，就仿佛进入了漫画《灌篮高手》的世界里——绵长而又熟悉的黄金海岸线，海边冲浪的少年，来来往往的穿着制服的学生，火车穿行的路口和晴天下远处若隐若现的富士山。脑海里不自觉地就响起了陈绮贞的那首歌《坐火车到传说中的湘南海岸》："树啦，花啦，平交道，砖块，招牌，海岸线，女学生，还有流窜在车厢里饱满的光和影子，我被他们追着跑，下午四点关闭的湘南海岸，只有我和欧巴桑没有穿比基尼……"正如歌词的字里行间所描绘的那样，湘南海岸，只能用"青春"来形容。

从江之岛连绵600米的湘南海岸极目远眺，远处海天一线，海水蓝天浑然一体。天上白色的云在飘，海里白色的浪在涌。一波波海浪拍向海岸的沙，拍出雪白的花。不妨走在湘南海岸的绵软沙滩上，一边踩着那些浪花前行，一边聆听湘南海岸久久回荡的海浪声。岸上的沙滩小屋宛如五颜六色的贝壳，静静地躺在沙滩一角。有人惬意地靠在小屋前，沐浴着阳光，手里拿着加了冰的饮料，时不时小啜一口；高台上有人在看书；相互依偎的情侣在晒太阳；也有人时不时回望背后的公路，暗暗期待会有骑车路过的"流川枫"；但更多人抱着冲浪板缓缓地走向了浪边。

◎ 远处海中的人们玩得不亦乐乎

海水在阳光的照射下波光粼粼，沙滩上布满的脚印足以说明它的人气

  如果用"青春"来形容这片海岸，那么踏上这片海浪便是"燃烧青春"。在湘南澎湃的海浪中，翻起的浪就是唯一的干柴，它们在烈日的照耀下熊熊燃烧，迸发出雪白的火花。无数逐浪者踩着白浪与火花驰骋，他们从远处踏着海浪归来，碧蓝的天是他们的背景，湛蓝的海是他们的舞台。就在这舞台上，他们踩着一块冲浪板，在激荡的海浪上翻腾、辗转、身形起伏。就在这片海浪里，他们寻找激情，抛掉烦忧，挥洒热汗。

  有的人已经是冲浪高手，他们仿佛早已与海浪融为一体，能自由地利用任意一波翻起的浪去展示自己最敏捷最精彩的动作；有的人刚学会冲浪，在登上浪头的过程中，或许会跌入海水中，以失败告终。但充满青春气息的湘南海岸的冲浪者从来不会有放弃这一说，即使是还未学会冲浪，也甘愿在失败中追逐成功。或者说，这已经不仅仅是人与自然的追逐，更是人们与青春的赛跑。

  就这样和湘南的海浪一起度过炽热的夏天吧，跨过燃烧的青春，走过最美好的岁月。直到夕阳西下，和相爱的人并肩坐在湘南的海岸边，等待晚霞映上脸颊，染红这美好的时光。

温馨提示

1. 江之岛又名"猫岛"，是湘南的代表景点，岛上有很多可爱的猫咪，爱猫人士值得一看。
2. 在东京站乘 R 东海道本线到横滨站，在横滨换乘 JR 横须贺线到镰仓站，然后换乘江之岛电车即可到达江之岛。湘南海岸离江之岛不远，步行即可达到。

049

梅曾贝赫

一场极致刺激的梦

关键词：非同寻常、海滩小屋　　国别：南非
位置：开普敦

喧嚣而又热闹的繁华都市，迷人而又热情的海边风光，加上美味的跳羚肉、海鳌虾、鲢鱼和葡萄酒。就在梅曾贝赫来一场冲浪之旅吧。

以巨浪和鲨鱼闻名于世的南非有一处被古老建筑所包围的市区——开普敦。古老而神秘的爱德华式与维多利亚式的房屋林立，18世纪荷兰式建筑安静地躺在宏伟的桌湾附近，错落有致。无论是沿着巍峨壮丽的十二门徒岩尽情行走，还是在空气清新的山间缓慢奔跑；无论是在查普曼峰骑自行车，还是用相机拍摄海洋波澜壮阔的一瞬间。种种情境，种种景观，都与一般印象中的非洲荒原大相径庭。

它就像是一幅仙境画卷，而在这幅画卷中，梅曾贝赫海滩是点睛之笔。踏上这片沙滩，站在柔软的白沙上极目远眺，一望无际的碧蓝色的大海伸向远方，阳光变换角度铺洒在海面上，腾起的海浪如泛着银光的绸缎，一波接一波、一浪接一浪地卷向沙滩。身后的绿洲和沙滩咖啡馆交相呼应，身旁的冲浪用品店人来人往，冲浪者抱着冲浪工具赤足行走，留下一串串清晰的脚印。而脚印的尽头直指身前的这片海浪。冲浪，才是与大海零距离接触的最佳方式之一。作为冲浪胜地的梅曾贝赫海滩拥有适合所有冲浪爱好者的冲浪条件——白云蓝天，几乎没有岩石干扰的海域以及强度适中的海浪。海滩上还有许多出租冲浪器材的小店，在小店里租一块冲浪板，你就可以尽情地享受梅曾贝赫海滩激情的冲浪之旅了。

无论心里藏着多少对冲浪的未知与担忧、顾忌与害怕，在划入梅曾贝赫海域的那一

◉ 一望无际的蔚蓝色的大海，海浪如泛着银光的绸缎卷向沙滩

好望角是开普敦的地标，风景秀美

刻你都可以抛到脑后。不用担心会有鲨鱼，这里先进的鲨鱼监测系统以及对海上情况进行的实时监控能为冲浪者的安全保驾护航。不用担心那排跃起的海浪会将自己吞进海底，它们不是巨兽的嘴，而是能帮助每一位敢于攀登的游客触摸湛蓝的天空的阶梯。只要登上那座阶梯，梅曾贝赫海域非同寻常的美便能尽收眼底。

首先映入眼帘的一定是那一座座色彩缤纷的海滩小屋，它们是梅曾贝赫海滩的特色所在。尽管这些兴建于维多利亚时期的小屋如今已大多成了摆设，但它们依旧如沙砾中的珍珠，营造着属于梅曾贝赫海滩的梦。

沙滩上尽情玩耍的游客们脸上挂满了最明媚的笑容。他们每天在海浪的拍打声中醒来，穿着人字拖，踏着洁白绵软的细沙，沐浴着从棕榈树的缝隙间透进来的明媚阳光，一路从海边的小屋缓缓漫步而来。三五个调皮的孩子在海滩上来回跑动，寻找着搁浅在岸边的海螺与贝壳。他们是这浪漫的世界之中最悠然自得、最安逸自在的人。

最后，就在冲浪板下的海浪即将沉下去时，另一波激烈的浪又紧紧地冲了过来，不知道掀翻了多少人的冲浪板，汹涌的海面上顿时响起酣畅淋漓的尖叫声与欢笑声。

或许，在梅曾贝赫海滩冲浪，就像是在做一场极致刺激的梦，冲浪者们将在梦中体验肾上腺素飙升的终极快感。

温馨提示

❶ 如果是在夏季（11月至次年2月）到开普敦，建议涂抹防晒霜和戴遮阳帽。

❷ 好望角距离开普敦市中心约50千米，近1小时车程。由于没有公共交通工具可以直接到达，所以可以先乘轻铁到西蒙镇，再租自行车进入好望角国家公园。

050

卢阿岛

珊瑚礁上的浪花

在太平洋的海面上，有一个被色彩斑斓的珊瑚礁簇拥着的心形小岛，那就是卢阿岛。在彩色海水的映衬下，它越发光彩炫目，美丽动人。

关键词：独一无二、珊瑚、与浪共舞	国别：斐济
	位置：斐济西部马马努萨群岛

美丽的卢阿岛，是位于斐济西部马马努萨群岛中的一个岛屿。与绝大多数海岛一样，卢阿岛同样拥有金色的沙滩，咸湿的海风，妩媚的阳光，在这幅完美的风景画卷中，涌向岸边的海浪堪称神来之笔。但卢阿岛又是独一无二的——普通的大海放眼望去是碧蓝色的，而卢阿岛的海是彩色的。

因为卢阿岛的海面下是无数条五颜六色的海鱼和数不清的色彩斑斓的珊瑚，它们的存在将原本湛蓝色的海水映得五彩缤纷，让原本风景秀美的卢阿岛摇身一变，成了人间的伊甸园。因此，整体呈心形的卢阿岛与生俱来有一股彩色的浪漫气息，五彩缤纷的珊瑚是它的外衣，色彩斑斓的海鱼是镶嵌在外衣上的宝石，汩汩流动的海水是一面天然的镜子，在阳光的衬托下将一切美丽的颜色都纳入其中。优越的地理环境，浪漫的岛屿形状，不得不让人赞叹大自然的鬼斧神工。此时此刻，如果携手爱人置身其中，沿着海岸牵手慢走，留下两串并排的脚印，或穿梭于小岛上，或漫步于沙滩上，或带上冲浪板游嬉于珊瑚间，踏浪

◉ 漫步在柔软细腻的沙滩上，让心事随风飘扬

第五章 浪花之舞

133

透明的海水漫上沙滩，美得纯净自然

于海面上，都将是一件幸福的事情。

踏浪，俯卧在一块长长的冲浪板上，双手在清凉的海水中用力向后划动，就连激起的浪花也是彩色的。在卢阿岛这幅美丽的风景画卷中，海浪就是点睛之笔。

海浪是这幅画卷中最为精彩的一部分。当冲浪者登上浪尖的那一瞬间，美丽的浪花与冲浪板相撞，四溅的水雾向着四面八方喷洒，晶莹了整片海。

海浪赋予了这幅画卷灵动的气息。冲浪者时而直冲云霄，时而疾行踏浪，时而翻转流连，时而俯身一跃，无论是哪种敏捷灵活的动作，都是画中最鲜活的美景。海浪给予了冲浪者以灵动，冲浪者赋予了海浪以动感。

海浪见证了每一个与海浪搏击的人的勇敢。冲浪是勇敢者勇气的标志，海浪上一个个敏捷的身影，一个个灵活的动作，一场场有趣的追逐，一簇簇激荡的浪花，无论是顺利登上浪峰，还是偏离重心从高处跌入海里，每一位冲浪者都会以最明朗的笑容面对这片海域。

海浪代表着热情洋溢的卢阿岛，每一朵海浪都是大自然赐予人们的礼物，每一朵海浪都载着人们心中积压的疲劳向着珊瑚礁的方向远去。带走烦忧，带走愁苦，剩下的只有驰骋的快感。

朝阳下的卢阿岛，如热恋一样火热；夕阳下的卢阿岛，又如与恋人依偎时一样温婉。无数游客正是被它如梦如幻、或动或静、似真似幻的缤纷样子迷住了双眼，流连忘返。或者说，来到卢阿岛与浪共舞，就仿佛是在与海浪谈恋爱，卢阿岛时而妩媚多情、时而激情奔放、时而洒脱大胆、时而安静温柔，它会将每一个走近它的人带入五彩缤纷的世界里。

温馨提示

❶ 位于斐济前首都列雾卡最热闹的海滩上的皇家旅馆历史悠久，又可以瞭望海景，值得一住。

❷ 斐济的男性会戴花或是穿裙子，看到时不要表现得过分惊讶。

黄金海岸

冲浪者的天堂

一望无际的海岸线、壮美的夕阳、茂密的雨林、多姿多彩的水上活动，黄金海岸是冲浪者心目中永恒的胜地，冲浪者的天堂这个美名名副其实。

关键词：狂欢的乐园、向往

国别：澳大利亚
位置：澳大利亚东部海岸中段、布里斯班以南

当布里斯班的阳光洒落在烂漫的棕榈叶上，黄金海岸的俏丽便在黎明时绽放。作为世界知名的度假胜地，澳大利亚东部这一条42千米的海岸线在地平线的映衬下委实融合了太多的向往。

虽然这里高楼林立极具现代化，但连绵的白色沙滩，湛蓝透明的海水，为这里增添了不少生机和动感

○ 黄金海岸在阳光下有一种透明感

  它不仅是世界上最长的沙滩海岸之一，也是冲浪爱好者们狂欢的乐园。

  风平浪静的时候，这片美丽的海滩总是沐浴着金色的晨曦，微笑着展示自己的妖娆丰姿。略带着几分湿咸的海风轻轻扬起你的长发，即便是隔着厚厚的太阳镜，你的双眼也会因为那耀眼的金色而变得迷离。清澈的海水是清一色的天蓝，没有渐变的颜色，干净得让人分不清哪里是海，哪里是天。抬起头，云朵似乎就在头顶，天空压得那么低，阳光又那样温暖。静静地躺在沙滩上，摩挲着一枚扇贝，将脚丫浸在水中，惬意有的时候来得就是如此简单。

  快艇随时都能够租到，可以自驾，也可以找人代驾。趁着阳光晴好的时候，乘船去海钓是个非常不错的想法。翔集的沙鸥会为你鼓掌，长尾鹦鹉叽叽喳喳也不会让你觉得烦躁，摇曳的树影婆娑依旧，调皮的海浪正向沙滩倾倒着水做的白珍珠，久经考验的鱼儿依旧抵不住香饵的诱惑，争先恐后地成为你的囊中之物。

  天边的流云渐渐增多，浪花一个接一个打来，风变得有些凉，你需要做的便是马上返航。不是害怕遭遇风暴，而是因为冲浪的时刻到了。冲浪者的天堂海滩似乎天生就是为冲浪而存在的，两三米高的海浪直袭，突起的惊涛让你胸中的激情刹那澎湃。站在冲浪板上，直视着汹涌而来的浪头，一种和海浪赛跑的豪情油然而生。你不能高飞，但海浪会带

黄金海岸气候宜人，日照充足，海浪险急，是冲浪者的乐园

着你飞。弄潮的英雄总是让人仰望，看，天边那一缕最灿烂的晨曦不正在为你欢呼吗？

　　世界上总有一些事情，让人畏怯又让人向往，冲浪便是其中之一。假如你还不够勇敢，那么来冲浪者的天堂吧，拍岸的惊涛能将你心中沉睡的渴望唤醒。如果你足够勇敢，还有什么可犹豫的呢？对冲浪者而言，黄金海岸难道不是最高的向往？

温馨提示

❶ 冲浪时虽然有专人保护，但是在操作时必须听从工作人员的意见。

❷ 不下水时，太阳镜、遮阳帽都要戴好，以免晒伤。

加勒比海
惊险刺激的风筝冲浪

关键词：洛斯罗克斯群岛、风筝
国别：危地马拉、洪都拉斯、巴拿马等
位置：大西洋西部南北美洲之间

曾经以为《加勒比海盗》就是一个虚构的梦，但当真正白沙碧水的加勒比海出现在眼前的时候，我们才知道，原来梦真的可以在现实中出现。

穿过椰林的夕阳，将加勒比海渲染得犹如梦境一般

东北季风的凛冽依旧，加勒比海的迷雾却没有随着时间的冲刷而渐渐淡去，神秘的海盗船，隐藏在天涯海角的宝藏依旧能勾起无数人前来探索。

加勒比海的海水很奇特，它不是那种常见的蓝色，而是一种纯净得连北极的冰晶都无法比拟的绿色。浅绿、深绿、翡翠绿、宝石绿，一点点、一抹抹，由深到浅，由浅到深。乍一看有些凌乱，凝望时却发现那错落的绿色和周围的山水竟是如此和谐。而这种和谐在洛斯罗克斯群岛表现得尤其明显。

作为加勒比海的明珠，洛斯罗克斯群岛的美丽与生俱来。五颜六色的珊瑚礁奇幻绮丽，繁星点点的夏夜，红树林中漫天飞舞的萤火虫充满了灵动，北梭鱼是海水垂钓者的最爱，细沙如雪的沙滩和浪漫的棕榈树更在不知不觉间演绎出了现实版的《仲夏夜之梦》。

严格的入境控制让洛斯罗克斯群岛一如从前一样干净纯美，远远望去好似失落在人

碧海蓝天，阳光明媚，加勒比海海面如水晶般清澈

间的伊甸园。细腻的沙滩就像是一团团的云朵，踩上去软绵绵地特别舒服。春花烂漫的时候和相爱的人在这里邂逅是一种浪漫，但初冬时节，执子之手，在海上玩一场高尔夫却更容易令对方感动。

海上能打高尔夫吗？其实海上高尔夫就是冲浪。不像冲浪天堂毛里求斯，加勒比海的海风只有在冬季才能满足放飞风筝的梦想，洛斯罗克斯群岛也一样。

海浪在这个时候就是陪衬，冲天而起的充气风筝裹挟着全部的期待。风很大，但并不凛冽，踩着滑板站在水上，要做的就是静静地等待，当风筝越飞越高，巨大的拉力会带着你在海上自由地滑翔。四条缆绳是你的依靠，手中的操作横杆是随心所欲的最大保障。激流在后退，浪花在翻卷，风筝的独舞变成了炫耀，那一刻，除了放声大笑，没有任何方式能疏解心中的豪情。

阳光淡淡地洒下，旁边飞起的另一只风筝却让人心惊胆战，风筝线搅在一起可是危险的事情，好在风筝已经掉头。高度的攀升带来了极限的速度，什么是刺激，什么是惊险，假如你不明白，向着加勒比海前进吧，洛斯罗克斯群岛会给你答案。

温馨提示

❶ 赶赴加勒比海之时，不妨在渡轮上取一张信息卡，上面的游玩信息非常全面。

❷ 这里的防晒产品非常贵，建议自带防晒产品。

第五章　浪花之舞

骷髅海岸

沙漠与浪花的交响曲

关键词：荒凉、沉船
国别：纳米比亚
位置：纳米布沙漠和大西洋冷水域之间

骷髅海岸是一个荒凉的世界，但当这种金色的荒凉在大西洋的蔚蓝海浪中绽放的时候却是另一种美。

曾经以为冰与火的恋歌只属于乞力马扎罗，转过头来才发现，在古老的纳米比亚，纳米布沙漠和大西洋早已经相恋多年，纳米布沙漠上狭长的绿洲就是它们爱情的见证，荒凉而奇美的骷髅海岸则是它们的定情信物。

骷髅海岸，又名地狱海岸，零星散落在海岸线上的沉船遗迹和骸骨，即便是在非洲最炽热的阳光下也散发着一种来自远古的寒意。漫步其间，心中没来由地感觉到忧伤。那些流动的、苍茫的、仿佛碎金一般的沙丘是海岸上最欢快的住客，澎湃的海浪拍击着岸边的岩石，一块块青灰色的石头已经在岁月的流逝中被雕琢得千奇百怪。贝壳、鹅卵石从来都不算是骷髅海岸的珍藏品，玛瑙、砂岩、光玉髓、玄武岩才是它的最爱。

◉ 骷髅海岸充满危险，来往的船只偶有失事

◉ 这条500千米长的海岸备受烈日炙烤，显得那么荒凉，却又异常美丽

纳米比亚重要的港口渥尔维斯湾旖旎的海滨风光

  斑驳的沙滩上不适合撒欢儿，一波一波的浪头也氤氲着一种飘零的荒凉。海岸上人很少，金色的沙丘间总是有一幕幕海市蜃楼的奇景在不断地演绎着过去的故事。风很大，浪很急，八级风在这里不代表灾难，谁也不会为一场八级的大风感到新奇，因为海面上天天都在上演澎湃的飓风。

  说实话，到骷髅海岸冲浪的确是需要勇气的，海面上终年不散的迷雾虽然在晨曦的朝露中略显诗意，但对冲浪者而言却是梦魇。成千上万的海豹就趴在沙滩上，非洲象和羚羊彼此凝望，似乎要在这沙漠中少见的海蓝中寻找一丝不属于荒凉的痕迹。

  荒凉也是一种美，起码在骷髅海岸是这样。低空掠飞的海鸥永远不知道疲倦，沙丁鱼也很愿意在午后乘着海浪出来放放风。洁白的泡沫在空中激荡，阳光在海面被分解成了无数迷离的光。随时都能够遇到追赶的浪头，风向却有些难以捉摸，骷髅海岸的荒凉与那氤氲着邪气的美感似乎连大西洋都有些畏怯，以至于当冰冷的海水流到这里的时候也学会了翻转。

  翻转的海浪对冲浪爱好者来说是梦寐以求的。站在冲浪板上，乘风破浪将整个大西洋都踩在脚下的感觉不是一般的爽快，左边看惊涛、右边览大漠的独特视觉冲击更让人惊艳。

  骷髅海岸，一个梦魇中的冲浪天堂，一个冰与火交织的地方，美得荒凉，美得震撼，你够勇敢吗，敢来吗？

温馨提示

❶ 去纳米比亚之前，到银行买旅行支票可以节省其他支付方式的各种手续费。

❷ 骷髅海岸有很多船的残骸，心理承受能力差的人尽量不要去。

第五章 浪花之舞

141

棕榈滩

富豪最爱的户外运动地

关键词：黄金海岸　　国别：美国
位置：佛罗里达州东南部

棕榈滩每年流动着全球四分之一的财富，这里有一幢幢私人别墅，有许多富豪名人，有许多人一生向往的生活，唯独没有烦忧。

　　脚踏细沙，面朝大海，暖阳抚面，海味入鼻。极目远眺，海面上游艇如鱼群飞梭，白浪横接天地，向着金黄的沙滩卷卷而来，翻腾叠起，一个浪头叠过来，沙滩上登时折射出黄金般的光芒。这就是位于美国佛罗里达州东南部的棕榈滩，有着"黄金海岸"之称的黄金海滩。

　　棕榈滩是顶级富人区的代名词，自100多年前美国铁路大亨将铁路修至棕榈滩后，海滩便凭借它温暖宜人的气候和沁人心脾的海景吸引了越来越多的富豪来此居住。除了美国本土的富人，几乎全世界的富商巨贾都把这里当作是自家的后花园。闲暇之余，他们和大多数慕名而来的游客一样会选在下午或傍晚时分来到沙滩，或是沿着海边悠闲地散步，或是穿着轻便的泳衣投入清凉的海水中游泳；又或者抱着长长的冲浪板，赤足从金色的沙滩上一路走向浪花，在海面之上驰骋。

　　冲浪——这才是用心去拥抱棕榈滩的最佳方式。长长的冲浪板就像是勇敢者脚下小小的帆船，而冲浪者的双脚就像是掌控帆船方向的舵，用身体作船帆，

红霞漫天的棕榈滩，别有一番风味

棕榈滩上高楼林立，是全球富人的聚居地

　　用内心感知风向，驱动冲浪板前行。伴随着浪起浪涌，人们在浪尖上与浪花戏耍，激起的银白水花在阳光的映照下如钻石般璀璨。有的冲浪者刚学会冲浪不久，难免掌握不好重心，一不小心就会从冲浪板上跌下来，落入水中，但这并不会影响到他们愉悦的心情，从海面上浮起时抹一把脸，他们会再捡回冲浪板重新开始。

　　棕榈滩的浪多数时候是温柔亲和的，它就像故人亲切的问候，亲昵地抚着人们的脚，拖着冲浪板向前滑行。偶尔它也调皮捣蛋，故意扰乱冲浪板的方向。但棕榈滩对于冲浪初学者来说依然是最佳胜地，他们能在这温柔的海域上迅速掌握保持平衡的诀窍，即便是在学习冲浪的过程中不慎跌落下来，也会落入这温柔的碧波之中，不用担心磕伤。

　　徜徉在碧蓝的海面之上，碧波荡漾，长年的海浪把黄灿灿的沙粒冲刷成平整细腻的肌肤，人潮涌动，温柔的阳光为每一个笑容都镀上了一层柔和的金边。这样的景色无疑会将每一个来到这里的人融化在海的怀抱之中，让人陶醉在物我两忘的梦境里。而在这样的梦境中踏上冲浪板，驰骋在浪尖之上，的确是一件令人心旷神怡的事情。

> **温馨提示**
>
> ❶ 郊区安静舒适的森上博物馆和扶桑花园不但可以参观，还可以听到有关日本移民历史的讲解。
> ❷ 在海滩游玩，尽量带上防晒用品，以免被晒伤。

第五章 浪花之舞

055

蝎子湾
冲浪爱好者的"成人仪式"

关键词：风光无限、惊险刺激
国别：墨西哥
位置：圣胡安尼克城附近

打开世界地图，以圣迭戈为起始点，一路向南看过去，直到穿过一号公路旁的蒂华纳，你将看到一只「蝎子」安静地趴在碧蓝的海面上，那就是著名的冲浪胜地——墨西哥蝎子湾。

宽广无垠的金色海岸，风吹翻腾的蓝色巨浪，冲浪者敏捷的身影在海中飞跃着，无数个冲浪板沿着浪的轨迹描绘出一道道雪白的弧线。山与海，海与沙滩，沙滩与冲浪者，所有的景致完美而巧妙地融合到了一起，于是成就了这风光无限和惊险刺激的冲浪胜地——墨西哥蝎子湾。

在蓝天下，在阳光里，五颜六色的遮阳伞沿海岸星罗棋布，构成蝎子湾迷人的风景。游客或躲在遮阳伞下稍作小憩，谈笑风生；或躺卧在沙滩上，享受这别具情趣的天然日光浴；或穿行在沙滩上，脚踏浪花。蝎子湾热闹的氛围与浪漫的情调不知不觉地就深植于游客的心里。你也许不曾追寻过浪漫，但是在这里，浪漫就那么不经意地来到了你的身边。

不过在蝎子湾，最浪漫的事还要数冲浪。抱一块冲浪板，俯卧或坐在上面，顺着平缓的海流缓缓划动，以待时机。四面水波荡漾，远处海鸥飞翔，湛蓝的天空下，内心深处的烦恼似乎一扫而空。当海面不远处有海浪掀起并推动冲浪板前行时，机会就来了。慢慢地站起来，双膝微屈，两脚一前一后，依靠身体重心、肩

完美的巨浪席卷着海岸，吸引了世界各地的冲浪爱好者

露营是备受冲浪者青睐的过夜方式

膀和后腿控制冲浪板的方向,然后随波逐浪,快速滑行。每一波海浪都会将冲浪板高高托起,再向前推进,站在冲浪板上的冲浪者便要尽力稳住重心,一边开怀尖叫,一边冲向岸边。岸边,教练打着手势提醒着冲浪者,当海浪推着冲浪板由外海冲回岸边时,一定要在水深约30厘米时立即下板,以免直接撞到石头或沙滩上。

9月份的蝎子湾最令游客们期待。这时的蝎子湾将会迎来南部的巨浪风潮,海面上的大风顺着岸边呼啸,使巨浪看上去更加惊险。无数热爱冲浪的游客会选在这个时候会集在此,踏着冲浪板冲上浪头,驾浪前行。他们从翻卷的海浪中穿行而过,动作敏捷而迅猛,身后咸咸的海风与浪声合鸣,沙滩上一片喝彩声。

直到夜暮降临,蝎子湾的浪仍在翻腾,冲浪者们满足地带着冲浪板、伴着夕阳,挽着爱人满意而归。在他们一次次与海浪搏击、驰骋在海浪上时,在他们一次次与海浪相追逐、拥抱蝎子湾的蓝天时,所有的烦恼与忧愁已经连同汗水一起挥洒一空。

温馨提示

❶ 在海中冲浪时要尽量避开水母。

❷ 如果在冲浪过程中碰到顺向外海的海流,最好顺着斜面方向跟着海流走,或是趴在冲浪板上等待救援。

第五章 浪花之舞

塔马林多海滩

越刺激越开心

关键词：乐土、海滩　　国别：哥斯达黎加
　　　　　　　　　　　位置：中美洲地峡

云雾缭绕的神秘火山，变幻莫测的原始森林，这是哥斯达黎加的典型景观，也是著名好莱坞电影《侏罗纪公园》的取景地。

在中美洲地峡区域，有一个风景如画的国度。它有热情洋溢的热带雨林，有繁华热闹的市集，有金黄灿烂的沙滩与碧海，这就是哥斯达黎加。它是大自然给予人类的一份丰厚的馈赠，是一片宁静与欢乐交融的乐土。

要说尖叫声最多的地方，再没有哪个地方能比得上哥斯达黎加的塔马林多海滩了。抬头就是湛蓝无比的天空，低头就是柔软暖心的细沙，远处海风阵阵，吹起一波又一波翻滚的大浪，让人禁不住跃跃欲试，想乘风破浪，随波逐流。对于许多喜欢追求刺激、热爱冲浪的人来说，这处环抱太平洋，享誉全球的海滩绝对是冲浪的胜地。

午后的海滩是人最多的时候。因为来到这里的许多游客会选择睡到自然醒，中午时分四处走走，可以避开阳光最烈的时候；到了下午便会穿着各式各样、颜色不一的泳衣来到海滩上。有的冲浪者早已经踏上了冲浪板驰骋在海面上，飒爽的身姿敏捷而迅速，他们在海浪的最高点，就像离弦之箭，自由地穿行在浪与浪之间，冲浪板下溅起的雪白的浪花一波接一波地涌上岸边。有些初学者，刚刚踏上冲浪板时或许会因控制不好重心而不小心掉入水中，即使一再落水，咸苦的海水呛了满嘴，依旧没有人半途而废，他们询问教练关于冲浪的技巧，掌握到要领后又踏上冲浪板，直到尝试多次后终于能乘浪而行为止。海面上许多刚学会冲浪的新手甚至会禁不住手舞足蹈起来，他们的快乐感染着整片金色的沙滩。

初学冲浪的人能很快地学会冲浪或许都要归功于塔马林多海滩的浪。想要很快地学会冲浪其实并不是一件容易的事，但无论是冲浪新手还是冲浪高手，塔马林多海滩的浪都非常适合。有的浪大，能带给人无限的刺激体验；有的浪小，温和而稳妥，极其适合新手滑水，不会有什么危险。这里甚至还有许多直接设在海滩上的冲浪学校，学校报名没有门槛，游客可以随到随学，非常方便。

美丽的塔马林多海滩处处是风光，或许许多初来的人在接触冲浪之前，从来都不知

海浪滔滔如雪花般盖在海滩上，如梦如幻

道，原来冲浪是一件这么刺激、愉快的事情。海滩上人们的尖叫声、欢笑声与哗啦啦的海浪声交相呼应，金色的沙滩上人们的脚印犹如一朵朵黄色的小花，无意中成就了海边最动人的风景。

温馨提示

① 塔马林多海滩上有许多钓具、泳具租借处，游客可以不用自带水上用品。
② 塔马林多小镇有许多酒店，有些酒店的后院就是海滨，可以随时到沙滩上玩耍。

第五章 浪花之舞

147

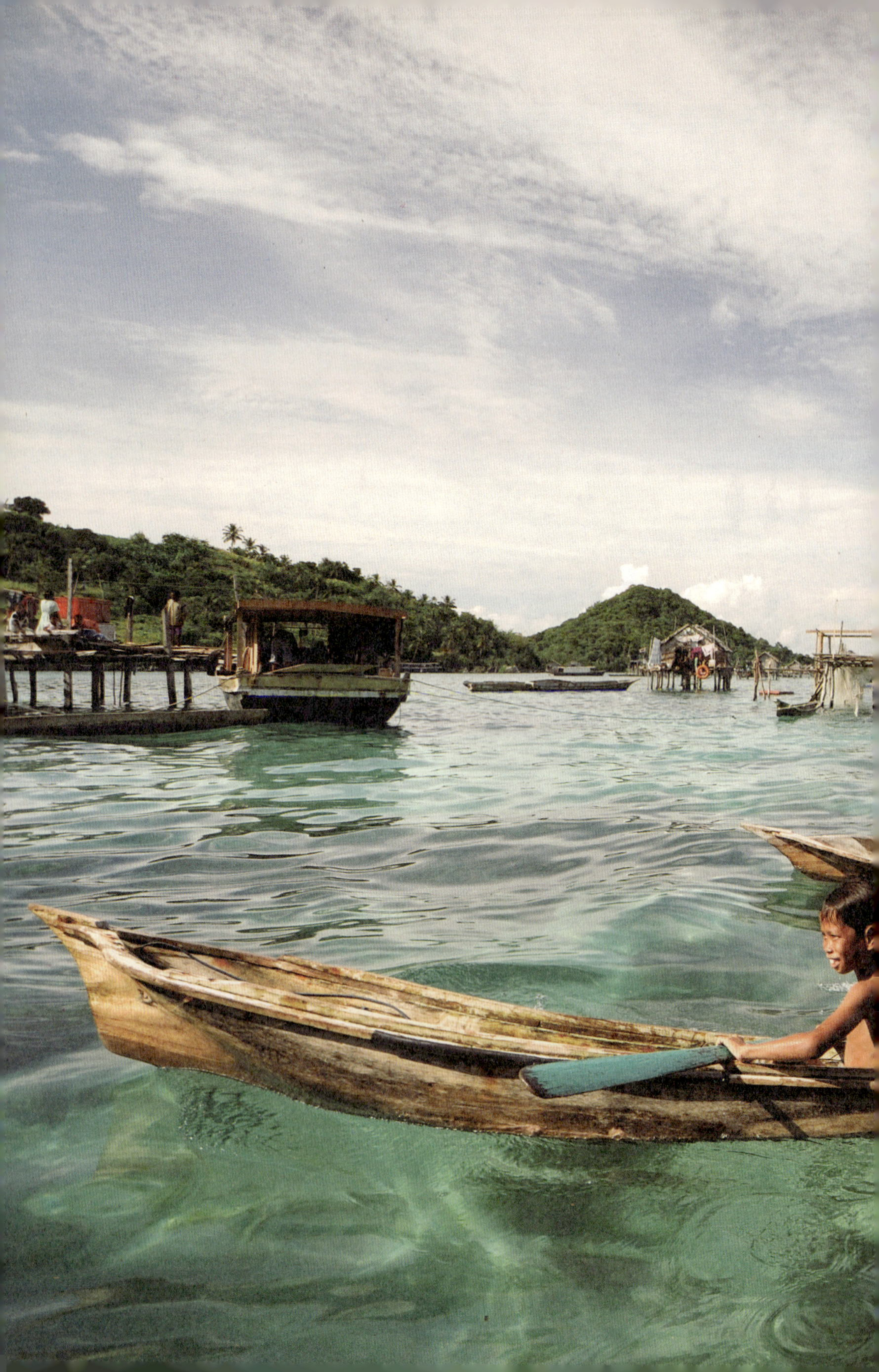

第六章

激流勇进

探险总是带给我们
许多意想不到的惊喜。
漂流总是能让我们
释放自己内心最真挚的情感。
一起踏上漂流的征程，
在激流勇进中，
乘风破浪。
用生命诠释内心对漂流的热爱，
让我们一起在漂流的旅途中邂逅，
来一场最刺激的户外运动。

057

科罗拉多河
体验漂流探险

关键词：漂流、沙漠里的奇迹
国别：美国
位置：美国西南部、墨西哥西北部

褐红色的谷底里，数百米宽的科罗拉多河在静静地流淌，蓝天为衣，白云为裳，红岩似胭脂，绿水作丝绦，俨然最美丽的天然图画。

亿万年前，大自然在亚利桑那州境内添加了一方火红的土地。亿万年后，随着风霜雨雪的侵蚀，广袤的大地被切割成壮丽的河谷，而在那300米深的红色峡谷壁下，一条绿色的丝带蜿蜒流淌，那便是沙漠里的奇迹——科罗拉多河，拉斯维加斯生命的源泉。

伫立崖边，凝视谷底，风吹浪花，浪拍绝壁。举目远眺，干流的沿岸风景如画，四周美到极致的峡谷风光震撼人心，让人忍不住去探一探，去瞧一瞧。那么，不妨沿着科罗拉多河，体验一把举世闻名的"白浪漂流"。

戴上漂流专用的头盔，穿好救生衣，拿着长竿踏上漂流筏。当一切准备就绪，教练一声令下，漂流筏依着水势往前一冲，从清凉的水花中一跃而过，筏子上的游客们几乎一瞬间就能感受到来自科罗拉多河之上徐徐清风的问候。在那翻起的浪花的温柔推动下，漂流筏乘波逐浪，缓缓前行，时而轻盈如燕，时而奔腾如虎，偶尔会遇上旋转的水流而偏离方向，又或是打着回旋，左摇右摆静止不前。这时游客们在教练的指挥下撑起长竿，左边向后划动两下，右边再向后划动两下，依着口令有节奏地交换划动，使

科罗拉多大峡谷宛如仙境般七彩缤纷、苍茫迷幻

蜿蜒于谷底的科罗拉多河曲折幽深，水光山色变幻多端，天然奇景蔚为壮观

漂流筏受力均匀、保持平稳。

　　开始的平缓只是前奏，当漂流筏前行一段距离后，水流就变得湍急了。曲折蜿蜒的科罗拉多河，忽高忽低，漂流筏陡然开始加速前进，横冲直下，坐在筏子中的游客几乎无法稳住自己的身体，只能任凭水流咆哮着，任凭壮丽的河谷之中快意刺激的尖叫声此起彼伏，久久回荡。而那水花肆意飞溅，不知湿了谁的额发，又不知抚了谁的脸颊。不一会儿，漂流筏上的所有游客都衣衫尽湿，但这并不会影响他们玩水的愉悦心情，当水流再回归平静，身旁有其他游客经过时，即使彼此之间并不认识，他们也会像老朋友一般相互泼着水，嬉戏玩闹，好不自在。

　　在科罗拉多河漂流，遇缓流时滑浪而行，遇急流时漂流而下，在漂流过程中体验冲浪带来的惊喜与刺激，体验科罗拉多河两岸的恬淡静谧。这就像是人生的道路，无论是一帆风顺还是突遇挫折，在安逸中享受喜悦，在苦辣中回味甘甜。

温馨提示

❶ 穿着上尽量选择简单、易干的衣服，但不要太薄或色彩太淡，最好携带一套干净舒服的衣服准备下船时更换。

❷ 大峡谷国家公园有很多野生动植物，在参观时要注意保护它们。

第六章　激流勇进

赞比西河

激发你的肾上腺素

长2700千米,流域面积136.9万平方千米,具有无与伦比的狂野气势的赞比西河,足以征服每一位来访的人。

关键词:急流险滩、皮舟
国别:赞比亚、博茨瓦纳、津巴布韦等
位置:非洲中部、东南部

这里是过去的10年里,众多著名的探险家酣畅淋漓地耗尽了自己肾上腺素的地方;这里是42个巨大的急流险滩的汇聚地,拥有世界上最壮观的险滩和6级的急流;这里与高达91.4米的维多利亚瀑布毗邻,享有"世上最好的漂流地"的美称。这里是位于非洲中部和东南部的赞比西河,是一个集天堂和地狱为一体的漂流胜地。

汹涌的激流犹如滚水沸腾一般,陡峭的山坡仿佛是被刀削过一样,峡谷内激流撞击两岸的声音似洪钟闷雷,越是深入巴托卡峡谷,越是能体验赞比西河的野性。仅仅只是享受视觉的冲击还不够,来到赞比西河的大多数游客都只有一个目的——挑战世界第二恐怖的漂流项目——瀑布城赞比西河上的漂流。

出发之前,工作人员会为游客配备好救生衣与安全帽,并讲解安全事项与应急措施。当一切准备就绪后,皮舟便被推入水中。小小的皮舟顿时就像是一叶失重的扁舟,在激荡的赞比西河上随波逐流,游客们只能双手紧紧抓牢绳子,咬紧牙关,屏住呼吸。自入水的那一刻起,他们就只能任由皮

赞比西河以无法想象的磅礴之势翻腾怒吼,飞泻至嶙峋陡峭的深谷中,景象恢宏壮观

赞比西河气势雄伟，河岸林木葱郁，风光奇秀，不愧是世界上少有的既美丽又惊险的河流

舟随着河水剧烈的震荡大起大落，任由激浪铺天盖地溅满全身。此时赞比西河的河水载满了大自然的激情，它的狂野与奔放令所有人惊讶，险滩突进仿佛是坐上了迪士尼的水上过山车；再下一秒迎来的回旋激流，皮舟就好似变成了一颗弹球，不断地被猛击、被吸入、被抛出。整个峡谷中除了激荡的水声，就只剩下游客们无尽的尖叫声与呐喊声久久回荡，响彻林间。

尽管游客们已经戴上头盔全副武装，并做好了充分准备，但面对疯狂咆哮的激流，小小的长竿已经无法控制皮舟的平衡，一路上不断有人不慎落水，伴随着翻船的时常发生，游客们跳入水中救人、捡船桨也成了家常便饭。4个小时的漂流旅程中，才渡过一个险滩，又要迎来下一个弯道；才经过一个急流，又要突破一个直角。每经过一个险滩都仿佛是在鬼门关行走，但每一次成功突破所带来的喜悦与激情都是无法言喻的。

最终与湍急的河水搏斗几乎耗尽了每个人的体力，甚至还有人被晒伤了，但这场独一无二的经历绝对让人永生难忘。

温馨提示

❶ 赞比西河是许多野生动物的家园，有鳄鱼、河马、巨蜥和鱼鹰等动物，在这里还有可能会看到狮子、狒狒、斑马和大象。

❷ 喜欢漂流的爱好者可以选择在赞比亚的利文斯顿城露宿，傍晚可以戴上一顶宽边太阳帽，到河边享受沙滩美景。

尼泊尔
漂流爱好者的天堂

关键词：神秘国度、漂流盛宴
国别：尼泊尔联邦民主共和国
位置：喜马拉雅山脉南麓

用脚步丈量群山，用身体触摸海浪，在某个阳光明媚的早晨醒来，推开窗子海风的味道迎面扑来，这就是尼泊尔给人带来的震撼。

　　它是背包客的故乡，它是徒步者的胜地，它是佛祖的诞生地，它是漂流运动者的天堂，它就是尼泊尔。有一万个理由让人无法拒绝尼泊尔，它的自然风光，它的独特气质，它的神秘宗教，它是最值得一去的神秘国度。尼泊尔，不会让任何人失望。

　　去尼泊尔旅游，如果不去感受漂流的乐趣，将是一件非常遗憾的事情。丰沛的雨水加上世界第一的海拔落差，使得尼泊尔大多数河流都非常适合漂流探险。在尼泊尔漂流，不仅价格非常便宜，漂流的路线也很多。根据不同的要求、不同的等级，游客可以自由选择

彩色的小木船漂荡在平静的水面上，为这一幅山水画增添了一抹颜色

◉ 尼泊尔多姿多彩的街巷　　　　　　　　◉ "山中天堂"——加德满都

不同的漂流线路，如果是首次尝试漂流的游客，可以选择普通的漂流；如果是漂流经验丰富、渴望挑战、追求刺激惊险的漂流爱好者，还可以参加急流险滩漂流线路。无论是一般漂流爱好者还是敢于挑战极限的漂流爱好者，尼泊尔的河流都能满足他们的需求，这也是尼泊尔漂流广受欢迎的原因之一。

在漂流过程中，每名游客都要穿好救生衣、戴上头盔，并拿好一支船桨，到河边的橡皮筏旁边接受简单的培训。工作人员会给每一位游客讲解落水、翻船的救生常识，然后安排游客实际操练一下，告诉他们整个漂流过程需要听从指挥，按口令行动。一切准备工作就绪，上船之后，相互之间会进行简短的自我介绍，相互认识，这让人更能领会到同舟共济的意义。

一声令下，橡皮筏被推入水中，船员们开始按照教练的口令指示有节奏地往两边划动船桨。此时的河水就像沉睡的婴儿般安详，但船上的每一位船员都明白，在前方，"暴风雨"即将来临。划行一段时间后，水流开始变得湍急，前方一个险滩就像是一只拦路虎，橡皮筏一个猛冲突破，这趟漂流盛宴才算正式开始。

几十千米的漂流旅程，一路经过好几处急流险滩，橡皮筏一会儿冲到浪尖，一会儿钻到谷底。水花不断四溅，大浪不时向橡皮筏袭来，几乎坐立不稳的船员们已经顾不上用船桨了，在失去重心与平衡的时候，他们只能牢牢抓住橡皮筏，任由全身湿了个彻底，任由尖叫声充斥耳边。直到这场漂流盛宴结束，当橡皮筏经过平缓的水域时，游客们的嗓子已经沙哑得几乎说不出话来，但每个人的脸上都带着愉悦的笑容。当遇到其他的橡皮筏时，他们还会朝对方拨弄河水，戏水打闹。

此外，许多长线漂流都可以抵达尼泊尔比较偏远的国家公园和野生动物保护区，可以在享受漂流带来的刺激的同时体验丛林探险的惊喜，这将会使尼泊尔之行更加完美。

温馨提示

❶ 最佳游览时间为2月至6月、10月至11月。

❷ 外国游客要在尼泊尔进行漂流的话，需要漂流许可证，一般一个工作日就可办妥。

第六章　激流勇进

155

瑞诗凯诗

漂荡在恒河之源

关键词：瑜伽圣地、圣洁之水
国别：印度
位置：喜马拉雅山脉入口处

人口不过数万，却是享誉世界的瑜伽圣地。这里是坐落在印度北部喜马拉雅山南麓的恒河岸边的一座小镇——瑞诗凯诗。

　　俯瞰喜马拉雅山，自山脉入口处看过去，有一座宁静而神秘的城市。这里的空气清新，印度人心中神圣的母亲河——恒河从中蜿蜒而过，洗涤着往来的人的心灵。这座城市叫作瑞诗凯诗，是一个与恒河神韵始终相通的圣地，亦是一处将自己放任于河上随波漂流的好去处。

　　圣雄甘地曾说过："印度是一处混乱之所，既是众神与信仰之国，也是嘈杂与贫困之国。"的确，每个踏上印度土地的旅人的感情都是复杂的，每一场游历似乎都充斥着酷热

在瑞诗凯诗，时间仿佛放慢了节奏，晕染开中国水墨的素淡写意，空灵且飘逸

与喧嚣，因此出离满是红尘痕迹的新德里，这座依山傍水的素食之城的洁净与清凉便越发显得难能可贵。若是在这条圣洁的河流中，或携同亲朋好友，或孤身一人，租一艘橡皮筏，来一场随心的漂流，随波逐浪，该是多么美妙的一件事。

不同于一般的漂流，在瑞诗凯诗的恒河之上，没有惊险刺激的疾速险滩，没有骇人听闻的回旋急流，也没有如沸水一般沸腾的大浪。瑞诗凯诗有的只是宛如轻纱的梦境，以及从温柔缱绻的碧水上吹来的阵阵清风。

乘一只漂流筏，任其漂流在瑞诗凯诗的河流上，用移动的视角欣赏沿途美景。碧绿的河水汩汩流动，放眼望去是郁郁葱葱的喜马拉雅山。岸上静谧的村落、古老的寺院仿佛融成了一幅画，而身临这幅画中，只觉得周身有梵音低低吟唱，灵魂也随着波浪轻轻荡漾：一波荡走内心的浑浊，一波荡走身上的疲乏，一波荡走尘世的污垢。这种独特的感受在其他地方很难体验到。

船桨就是"灵魂之舵"，可以划动它指引漂流筏前往任何想要去的地方。或者干脆将船桨收进来，缓缓坐下，放松身体躺在漂流筏上，合上眼，将自己的灵魂放空到河水之上任其漂荡；或者用指尖轻轻撩拨着水面，冰凉却不刺骨的河水像轻盈柔滑的丝绸，那触感一如眼前的瑰丽世界，而漂流便是通向它的那条芳径。

瑞诗凯诗的漂流没有惊险，也没有尖叫，有的只是被这方圣洁之水净化的淳朴心灵，有的只是碧波之上毓秀的风景。身处这片风景之中，神秘而又圣洁的气氛笼罩着每一处风景，而每一处风景都可能孕育着一个古老的传说，以至于当漂流筏渐行渐远，穿过罗摩桥时，会有一种仿若身处宏大史诗中的莫名心动。

○ 在碧绿的恒河中漂流，满眼都是青葱，趣味十足

○ 蜂拥而至的教徒希望从恒河中取到圣水并获得湿婆保佑

温馨提示

❶ 瑞诗凯诗距离新德里只有200千米的距离，游客可以从新德里乘夜班火车前往，7个小时即可抵达。

❷ 在瑞诗凯诗有许多瑜伽学校，大都能提供住宿。卫浴设施虽简单，但很卫生干净，价格也相当低廉。

环球100 / 户外天堂

158

061

阿勇河
够胆你就来

关键词：梦中仙境、狂野　　国别：印度尼西亚
　　　　　　　　　　　　　位置：巴厘岛乌布区

二千米的长度里，22处急流形如拦路虎，两岸原始森林的景象如画如梦，这就是巴厘岛的阿勇河。准备在静谧的风景里体验致命的快感吧。

　　茂盛的树林，辽阔的田野，阴森的蝙蝠洞，壮丽的瀑布，原始森林的气息洒满了每一个角落，变换无穷的风景交织在一起，汇聚成一处风景独秀的人间天堂——巴厘岛。阿勇河就是坐落在巴厘岛的梦中仙境，是一片宁静、安谧的乐土。

乌布舞蹈，柔美而健俏

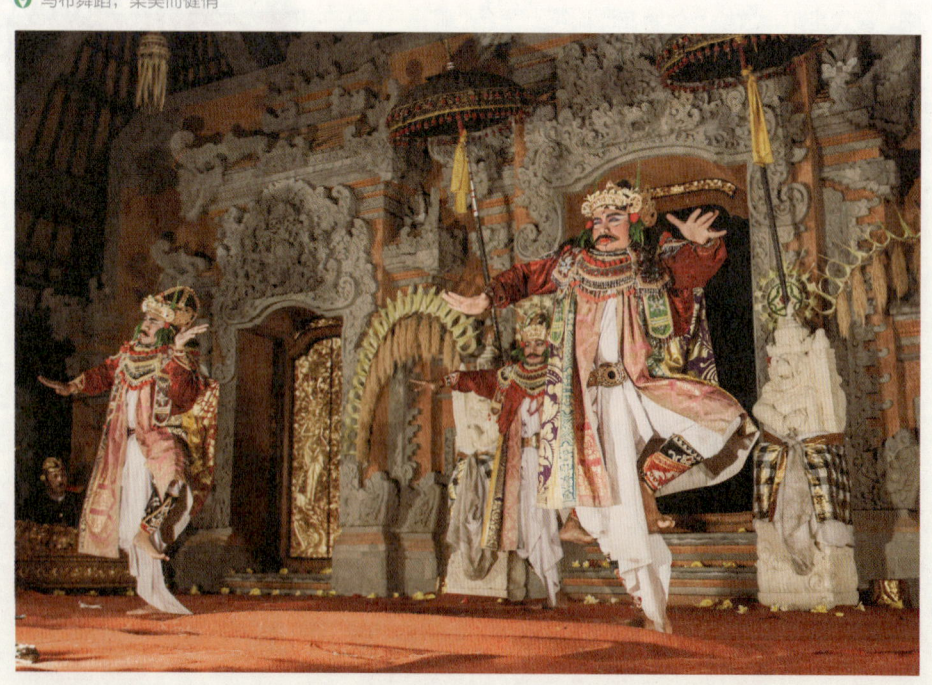

乌布，安详美丽的田园风光和无处不在的艺术气息令人感到新奇

　　人们常说，只有去阿勇河漂流，才能领略到真正的巴厘岛风光。那里河岸广阔，植被繁茂，大部分河段水流较平缓，非常适合喜欢观赏景色的漂流初学者。因此每年都会有许多游客慕名前来，游客抵达漂流点后会先穿上救生衣、戴好头盔、拿着船桨，在教练讲解完安全须知和口令的含义后，奇幻的漂流旅程就可以开始了。

　　沿着崎岖的山路慢慢地向下走到河边，一般一只橡皮筏能容纳4～6名乘客。随着教练一声令下，橡皮筏被推入水中，顺流前行，此时水面还很平静，就像暴风雨前的宁静，从水面上袭来的微风吹走炎热，带来一阵阵清凉。漂流者根据教练简单而干脆的口令划动船桨，划过一段距离，陡坡就出现了。

　　湍急的水流带动橡皮筏左右摇晃、上蹿下跳，筏子上的游客抓着筏子极力稳住身体，却全被淋了个"落汤鸡"。但这并不是阿勇河全部的狂野，前方的疾速险滩才是它激情火热的真面目。快到险滩的时候，教练提醒游客们，如果喜欢刺激可以继续留在筏子上，一口气猛冲下去，如果害怕的话可以提前下去，从河边绕过去。但大多数游客还是会选择留在筏子上体验一头扎进激流中的致命快感。筏子在弯弯曲曲的河道中如行蛇游龙般向前驰骋，此时筏子内如同水漫金山一般，但游客们已经顾不得将水舀出去，因为稍不留神，他

第六章　激流勇进

159

海神庙是巴厘岛最著名的寺庙之一，盖在海边的一块巨岩上

海神庙拥有巴厘岛最美的夕阳，夕阳西下时的景色如诗如画般美丽

温馨提示

① 巴厘岛大多居民信奉印度教，所以不要随便摸别人的头，即使是儿童也会引起印度教徒的反感。

② 到当地人家中做客，进入房间的时候要先脱鞋。

们就会掉入水中。直到渡过了激流，筏子一头进入了一汪缓流地带才逐渐恢复平稳，这场叫人窒息的漂流之行终于接近尾声。筏子上的游客纷纷感叹，漂流过后的心境是如此清纯美好，无一丝杂念，或许就是在那激荡而致命的快感里，所有的烦恼忧愁都被抛洒一空了。

当然在冒险之余也别忘了欣赏巴厘岛的美景，阿勇河漂流的路线中将瀑布、深潭、奇石、丛林都包含在内，在深窄的峡谷中急进，移步换景，令人目不暇接。那些美景，美得令人震撼，美得令人赞叹。如果遇上其他游客，即使是不曾相识，也可以相互泼洒水花，在这里打一场欢乐的水仗也是不错的选择。

062

沙巴
体验生死一瞬

关键词：独特秀美、万般惊险
国别：马来西亚
位置：婆罗洲

在这里可以攀登马来西亚第一高峰，可以进行水上漂流、丛林探险，这里是沙巴，位于马来西亚婆罗洲上的一座梦幻乐园。

大自然在勾画马来西亚的版图时，在婆罗洲上画下了一个如仙境般的迷人之地。这里有郁郁葱葱的青山，有碧蓝澄澈的海洋，有阳光灿烂的沙滩，还有古老而神秘的河流，似乎所有独特秀美的风景都齐聚于此。这就是沙巴，大自然的馈赠。

宜人的四季气候，曲折的山间河道，一路青翠俊丽的景色，这浑然天成的自然风景使沙巴成了漂流的绝佳胜地。前来游玩的游客自然不会错过将自己寄情于山水的机会，

男孩在竹筏上划水，倍感清凉

他们迫不及待地戴上安全头盔,穿好救生衣,乘上橡皮筏,随水流滑下。此时的河流温柔而平缓,极目远眺,隐隐可见山林中一两处炊烟袅袅的农舍,或是河岸边三五成群嬉戏的孩童。眼前,青绿映满视线,自然原始的生态系统被保留得完整无缺,各种树木千姿百态地矗立着。身处这般宁静而祥和的画面之中,总会令人有些置身世外桃源的感觉。

橡皮筏滑出一段距离后,水流开始变得湍急。这条延伸在峡谷坚硬腹地的蜿蜒流动的河,一瞬间犹如突然苏醒的狮子,仰头咆哮,汹涌的激流与旋涡不断地翻滚着,冲击着,一只只橡皮筏如同一片片树叶在水面漂荡。此时划动船桨对抗激流几乎是徒劳的,大家只能勉强抓牢橡皮筏的边缘,极力控制住方向。

在搏击急流的过程中,筏子的前端时而埋入水中,时而被抬高离开水面,在起伏和摇摆不定的状态下,水浪不断袭来,头发与衣服很快就湿

划木船的少年们

纯净的沙滩、椰子树和平静美丽的如绿松石般的海水，沙巴斗湖省的仙本那就像是一个梦境之岛

透了，就连橡皮筏里也进了不少水。但人们已经无心去顾及了，因为他们即将迎来最凶猛的旋涡与激流，必须集中精神、全神贯注。几个浪头凶猛地卷来，差点儿就翻了船。

在这万般惊险之际，那阵阵叫喊声和浪涛声交融在一起，既痛快又酣畅。呐喊声与欢笑声此起彼伏，仿佛压抑许久的不快都在这一刻一泄无余，所有的忧愁都在这一瞬间一扫而空，沉淀在心中的所有伤痛，都随着这浪涛声东流。

冲过险滩，方才的生死一瞬仿佛只是场梦境，只有打在身上的冰凉舒爽的河水能够证明刚才经历过的一切。当人们一同把橡皮筏划向下游时，他们相互拥抱来表达挑战沙巴漂流成功的喜悦。

> **温馨提示**
>
> ❶ 漂流结束后是不返回出发点的，所以游客最好穿凉鞋、拖鞋，在漂流过程中用绳子穿起来，拴在橡皮筏后面一起到终点。
> ❷ 漂流时最好不要携带贵重物品，只带饮用水和防水相机即可。

第六章 激流勇进

163

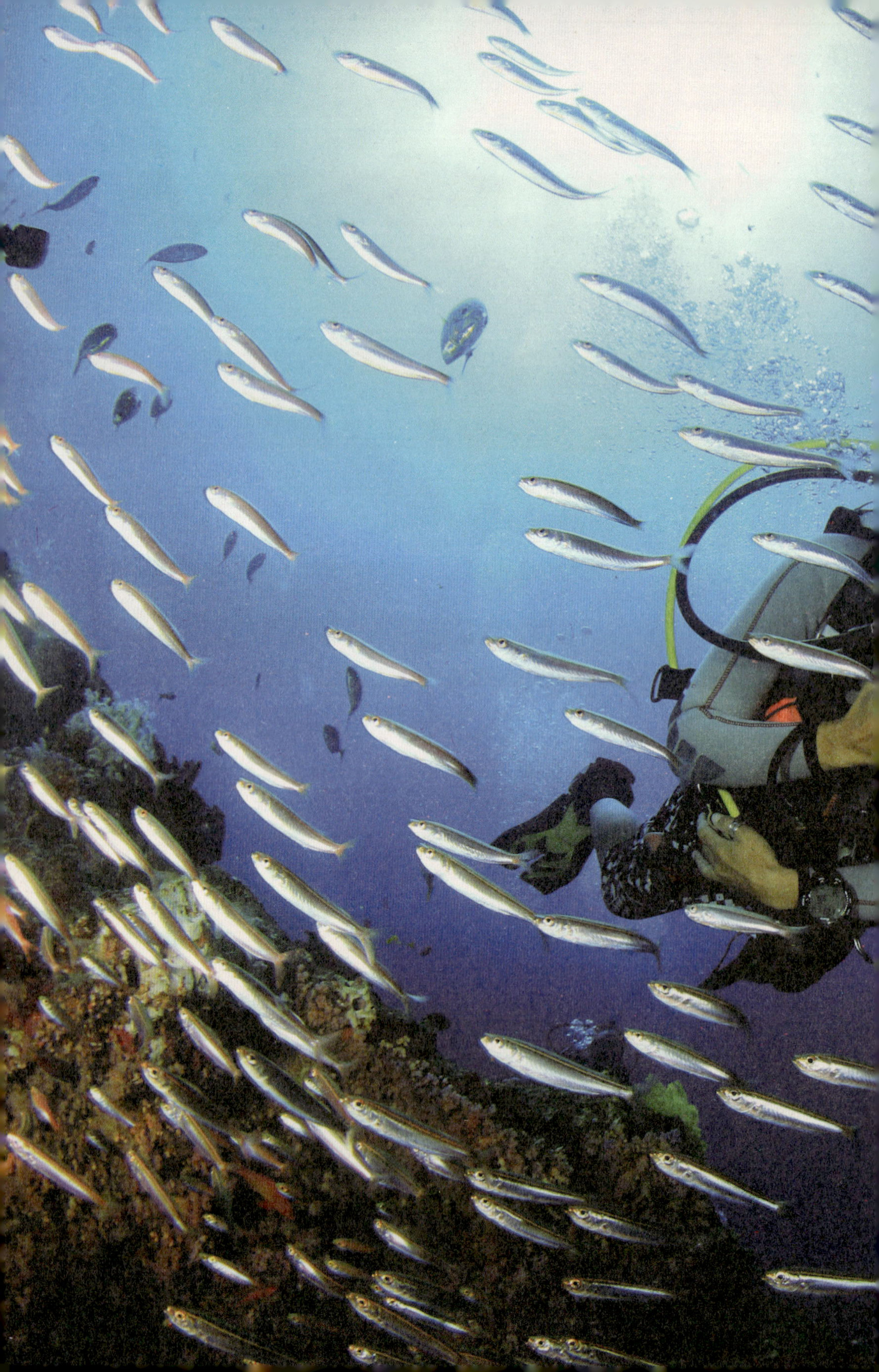

第七章

海中潜行

你是否与我一样，
想一睹海底世界的芳容？
你是否与我一样，
想窥探海底世界的奇妙？
看绚烂夺目的珊瑚簇拥，
看可爱的鱼儿从脚下穿梭而过，
每一次的海底漫步
都是一场意味深长的遇见，
我只愿走进你的心里，
细细领悟这令人难以忘怀的美景。

大溪地
世界潜水胜地之首

湛蓝的海水，白色的沙滩，起伏多姿的叠翠山峦，色彩缤纷的热带花卉，此情此景只有大溪地才有。在这人间天堂中，可以坐在船尾欣赏美妙的世界。

关键词：人间天堂、海上的香格里拉
国别：法国
位置：南太平洋中部

说到大溪地，就会感觉有一种热带的波西米亚风情扑面而来。这里四季温暖如春，物产丰富，这里的人们都是悠闲自在地享受着生活，他们经常坐在海滩上，看着远方的风云变幻，屏气凝神，等待着日出和日落。这里的人称自己是"上帝的人"，因为这里是最接近天堂的地方。

沉浸在这浪漫的世界之中，每天在海浪的拍打声中醒来，看海边小屋沐浴着从棕榈树树叶间透过的点点阳光，慵懒地穿上一双人字拖，别一朵栀子花在耳鬓，走在这一望无际的洁白沙滩上，看那搁浅在岸边的海螺与贝壳，踏着浪，就这样漫无目的地享受这种舒适轻松。大溪地是海上的香格里拉，这段旅程，我们注定躲不掉，也不想躲，只想成为这海洋中的一员，尽情地徜徉在这唯美的海景之中，享受这天堂般的美好。

大溪地作为世界潜水胜地之一，自然有它的原因。因为这里气候温和，一年四季，每一天都是潜水的好机会。在这里，你可以看到平时看不到的珍稀鱼类，甚至可以与海豚在

潜水是欣赏大溪地的另一种方式

◉ 大溪地水晶般的海水纯净得让人惊叹

　　海底来一次拥抱与亲吻，将你与它的浪漫偶遇定格在相机中，就算是以后回味起来，也能清晰地记得此情此景。

　　在这个蓝天当被、珊瑚为床的浪漫海底世界，在这个天堂一样的地方潜水，内心除了激动，也就只有兴奋了。海底美景令人目不暇接，各种各样的鱼儿穿梭在脚下，或环绕盘旋，或舞动曼妙的身姿，似乎是在欢迎你的到来。爱上大溪地，只需要一秒钟，看到纷繁的海底之后，你的内心世界会全部被它占据，容不下一丝一毫的别处风景。无论是什么样的潜水位置和潜水地点，都能让每一个来大溪地潜水的人收获颇丰。潜水的地点不同，看到的大溪地也是截然不同的，但无论多不同，最终都会回归到一个"美"字之上。

　　每一个来到这里的人最渴望的就是自由，只愿在闲暇之余，可以漫步在这海滩上，欣赏这里的日出与日落，与自己所爱的人在这人间天堂牵手相伴，忘记昔日的烦恼与忧愁。安静地欣赏着此景，看海中时不时跳跃的鱼儿，便觉得人生不必有太多追求，恬淡地享受这美妙的风景便已足矣。

> **温馨提示**
>
> ❶ 11:00—15:00 紫外线最强，一定要带防晒霜、多喝水。
>
> ❷ 这里的沙滩虽然比较细腻，但是也有一些被冲到海滩上的贝壳和珊瑚，因此最好穿拖鞋，以免脚被划伤。

第七章　海中潜行

064

大堡礁
与野生动物合影

关键词：视觉盛宴　　国别：澳大利亚
位置：澳大利亚东北部

澳大利亚是大自然的宠儿，大堡礁则是镶嵌在这个宠儿身上的最耀眼的一颗明珠。银色细腻的沙滩，碧蓝清澈的海水，自在畅游的海洋动物，这一切美景，尽在大堡礁。

○ 海底的珊瑚千姿百态，绚丽多彩，蔚为壮观

世界上存在许多天堂般的美景，每一处美景都是大自然的馈赠，而追寻美景便是我们的使命，澳大利亚的大堡礁便是一个不可多得的仙境。这个位于澳大利亚东北部沿海地区的自然景观，是澳大利亚人最引以为傲的地方，不仅因为这里有世界上最大、最长的珊瑚礁群，还因为这里是澳大利亚人放松、陶冶情操的绝佳去处。大堡礁是人间的伊甸园，而我们应该加快脚步，去一览这令人遐想的自然美景，去一探这海底世界的真正秘密。

与其漫步在大堡礁的银色海滩上，还不如进入海底世界，与大堡礁来一次亲密接触。如果来到了大堡礁，没有去潜水，那绝对是一种遗憾。因为与海底生物进行一次近距离的接触，这种感官享受是别处体验不到的。

一切准备就绪，在潜水教练的带领下，才能真正地踏进这片神秘的海洋。刚进入海底时，还不算彻底地进入大堡礁的范围之内，但是可以看见远处的珊瑚群在海底中簇拥如花，它们就像是海底巨大的宝石，散发出璀璨夺目的光芒。当慢慢地靠近大堡礁之后，你一定会被它的美景震撼。五彩斑斓的珊瑚在海水中舞动着自己曼妙的身躯，一张一合地自

潜到海底能看到各种珍稀动物，让人大开眼界

然呼吸，还有各种珍奇的鱼儿徜徉在珊瑚群中，偶尔探出头，一窥珊瑚外的究竟。

此时便只想静静地欣赏着海底的奇特与壮观，但是不经意间，鱼群已经环绕在你的周围，你就像是美人鱼一般被它们簇拥着，鱼儿的颜色五彩缤纷，它们热情地拥抱你、亲吻你，每一次与它们的亲密接触，都是这次旅行中弥足珍贵的记忆。海底世界的奇特令人惊叹不已，便只想时间在此刻停顿，将唯美珊瑚、可爱调皮的鱼群定格在这一瞬间；便只想自己也是一条自由自在的鱼儿，可以自在地遨游在海底世界，与它们为伴，与这珊瑚宝藏来一次最为亲密的接触。让人忘记尘世的烦恼与忧伤，只为美景而活，让这份纯粹、干净占据所有。

大堡礁的魅力不言而喻，海底世界的海洋动物更是让人魂牵梦绕，大堡礁的绝妙之旅，最终会以人与动物之间的合影画上圆满的句号。这次潜水之旅，便是人生的一次全新体验，让人就此徜徉在这深蓝色的世界，充分地享受这次的蓝色梦幻之旅，让蓝色壮观的视觉盛宴成为人生中最印象深刻的一幕。

温馨提示

❶ 每年的10月至次年3月，大量的水母会出现在大堡礁水域，游玩时一定注意安全。

❷ 晕车和晕船的朋友在乘坐观光船出行的时候，要提前服用晕船药。

第七章 海中潜行

169

皮皮岛
超划算的水上乐园

关键词：浪漫风情、水上乐园
国别：泰国
位置：普吉岛东南部

开阔美丽的海滩，洁白无瑕的沙子，碧绿如翡翠的海水，皮皮岛就是泰国一颗闪闪发光的明珠。尽情徜徉在这碧海蓝天之中，惬意、舒适地享受这里的海岛风情吧。

　　踏上泰国皮皮岛，一股热辣的热带风情就会迎面扑来。走在细腻柔软的沙滩上，能看到海岸两边挺拔翠绿的椰子树，还有一个个曼妙身材的少女，仿佛置身于人间天堂，让我们尽情地享受这海岛的迷人风采吧。

　　皮皮岛作为泰国的国家公园，一年四季都是阳光的宠儿，它凭借着鬼斧神工的洞穴和零污染的自然环境，备受各国旅游者的青睐。在这个小岛安静地待几天，搬一把躺椅在这洁白的沙滩上来一次日光浴，读几篇优美的散文，饮一口热带风味的饮料，好好地享受一番皮皮岛的浪漫风情。

黛翠山岩形态奇特，海水清澈湛蓝，风光旖旎

当然，来到了皮皮岛就一定要进行一系列的海上运动，否则这次旅行就算不上圆满。这里有世界著名的水上乐园，是水上运动者的天堂。无论是想在海水中深潜一整天，看尽这里的热带鱼类和神秘的珊瑚礁；还是想要浮潜、半浮潜在海面之上，俯瞰着海底世界的热闹与纷繁，都是非常好的选择。

尽管皮皮岛与泰国的其他海岛相比，消费水平略高，但是在享受美景的同时，它让人觉得每一分钱都花得恰到好处。这就是皮皮岛的魅力所在，它让每一个来此游玩的人都可以带着自在、舒畅的心情离开。

这里有独木舟、风浪板、香蕉船，无论是想安静地漂浮在海面欣赏温柔清新的美景；还是想挑战自我，与海浪来一场较量，皮皮岛都可以满足。这里的水上、水下运动之多，会让人手舞足蹈，无暇休息。来皮皮岛潜水，一定要趁落日时分，这个时候的皮皮岛已然笼罩在了一片金黄之中，海水有了些许凉意，火红的夕阳将碧蓝的海水染成了一片粉红色，此时，浮潜在海水之下，那些可爱、颜色丰富的鱼儿都披上了一层粉红色的外衣，似梦境一般唯美动人。可以借机毫无顾忌地与它们来一次亲密接触。此时的海底世界是另一番情景，鱼儿开始簇拥在一起，有的调皮地吹着气泡，有的则不断摆动它们曼妙的身姿，每一个动作都在欢迎人们的到来。时间慢慢过去，开始的浅粉色渐渐褪去，取而代之的是神秘的紫色，此时的海底已经全部笼罩在迷雾的紫色之中，朦胧却唯美。尽情地徜徉在这神秘的海底世界中，去享受这海水的清凉、鱼儿的热情和珊瑚的神秘吧。

皮皮岛上的每一项运动都会给人带来惊喜，无论是安静地看着那平静的碧蓝海面，还是充满激情地去探索海底的精彩世界，都会被它的美妙与浪漫所折服，在这么一个动静可以完美结合的地方，一定会留下终生难忘的记忆。

○ 皮皮岛西南部的玛雅湾——一个深受阳光眷顾的地方

○ 鬼斧神工的天然洞穴——维京洞穴

○ 与鱼同乐的漂亮女孩

温馨提示

1. 海滩上混杂了一些珊瑚和贝壳，最好穿上软底拖鞋，以免脚被划破。
2. 维京洞穴距离皮皮岛有一定的距离，建议拼船出发，以节省开支。

066

军舰岛

到处都是潜水点

> 这里植被茂密，古树参天；这里海天一色，沙质细腻；这里是海岛天堂。这里就是塞班的军舰岛，一个历史气息浓厚又美不胜收的地方。

关键词：美妙、五色海、奇特
国别：美国
位置：塞班岛西侧中部外海

到了塞班，一定要去军舰岛看看，在这个美得大气却也小得任性的岛上走一圈只要15分钟的时间，仿佛还没有到终点，就已经回到了起点。军舰岛最为特别的是一边是白色细腻的沙滩，另一边却是壮美的高崖。第二次世界大战时期留下的炮痕以及战争的痕迹更是让军舰岛与众不同，四处散发出一种怀旧的气息。

军舰岛是一个潜水胜地，如果来军舰岛却没有到海底世界走一圈，那这趟塞班之旅是

海水经过阳光折射，变幻着奇幻的色彩

不完整的。这里四处是潜水点，无论是深潜还是浮潜，军舰岛都可以满足你。只要把头放进了海水里，就可以看见各式各样的鱼类，海底的美景绝对会让你震惊。

在军舰岛最美妙的一件事，就是在这五色海中来一场潜水活动，当然，一定要选对时间。上午，阳光强烈，军舰岛上的一切都晶莹剔透，美丽无比的五色海就是在这个时候形成的，当一切准备就绪，便可深入海底一探海底世界的美妙。五彩斑斓的热带鱼就像是守护者，成群结队地围在人类身边，想要和人类交朋友。在这里可以欣赏到五颜六色的鲽鱼、可爱动人的粗皮鲷等极为珍贵的鱼类，它们都无忧无虑地遨游在这碧蓝的海水之中，美丽动人。

踩着细腻柔软的沙滩，拥抱大海

军舰岛的大部分潜水点的海水不是很深，不管是"菜鸟级"的潜水者还是资深的潜水人员，在这里，都可以找到适合自己的潜水点，一览这海底世界的奇妙与美丽。不仅如此，军舰岛的特别之处还在于它不是宁静的世外桃源，而是一个热情、富有活力的入世海岛。在这里，可以感受到海岛每一处的热情。当漫步在海底世界时，看那柔软的珊瑚在眼前轻轻摆动身姿，甚至会让人想情不自禁地将它拥入怀中。在五色海水之中，享受到的不仅是潜水的快乐，更能看到生命的奇特。热闹的海底世界就像一个大家庭，它们的热情充满了军舰岛的每一处，在这里，人们的心为之颤动。

都说"塞班归来不看海"，未去之前从不觉得它如此奇特，只有亲身体会过其中的美妙，才会觉得这话说得不无道理。可能再也找不到哪个海岛能在太阳光芒的折射下变为五色海，可能再也没有哪个海岛四处都是潜水点。只要愿意潜水，随时随地都能欣赏到海底的美丽风景。这一切的美妙与奇特，也只有军舰岛可以给予，在这热辣似火的海岛，来一场绝妙奇特之旅吧。

温馨提示

❶ 从塞班岛出发，乘快艇约 10 分钟就可到达军舰岛，开放时间为 9:00 — 17:00。

❷ 从塞班岛到军舰岛，可以在沙滩上找当地人报名，他们大多是和船家合作，可以讲价，一般船费加上岛费共 30 美元 / 人左右。

斐济
在水族馆中迷失

斐济岛就像一颗镶嵌在南太平洋上的珍珠，跨越赤道，轻触天堂，只愿时光停留，在这人间天堂，享受一次非比寻常的人生之旅。

关键词：人间天堂、水族馆、蜜月天堂
国别：斐济共和国
位置：南太平洋中心

常见的大海都是蓝色的，但是斐济岛的海水却是彩色的，因为这里有无数条奇形怪状、五彩斑斓的鱼儿在海洋中畅游，将原本湛蓝色的海水搅动成了五彩缤纷的颜色。当然，这也让原本风景秀美的斐济岛摇身一变，成了人间天堂。

只有亲身经历过，才能体会到这天堂般的美景原来是这般动人。这里岛屿众多，但是

在沙滩上可以尽情地亲近自然，浸泡海水，欣赏落日余晖，忘却工作压力，寻求内心的平静

每一个都很精致，鱼儿像是一个个被宠坏了的小孩，在珊瑚群周围嬉戏打闹，好不欢快。斐济岛跨越赤道和南回归线，所以这里的天空格外明朗，仿佛只要伸手一探，就能触碰到那缱绻的云朵与那湛蓝的天空。

斐济岛不同于其他热带岛屿，与其说它是一座岛屿，还不如说它是一座庄园更加贴切。走在洁白的沙滩上，穿梭在扶桑花丛中，享受海风带来的丝丝清凉，到处都洋溢着热带海洋的原始美感，这里有最淳朴的生活，有最纯净的自然环境。斐济岛有一种脱离俗世的美，看到这里的美景，总会有一种"此景只应天上有"的错觉。

来到斐济岛，一定要欣赏一下这里海底世界的纷繁与美丽，与那些热带鱼儿来一次亲密接触，去感受一下五彩缤纷的珊瑚的独特美感。整个斐济岛的海底世界就像是一个巨型的水族馆，里面有各种珍奇的鱼类和动人心魄的珊瑚，尽情地徜徉在这神奇的水族馆中，体会海底世界的非同寻常。

日出、日落时分的斐济岛更加魅力四射，天空覆盖了一层淡紫色，海水也由原来的五彩缤纷变成了金黄色，整个斐济岛此时就像披上了一层朦胧的面纱。此时的海底世界又是另一番情景：多彩多姿的珊瑚也染上了一层梦幻的淡紫色，迷人的光线在鱼儿的身上折射出一道又一道似有似无的光芒。仿佛此时所见到的这些生物是臆想出来的，似乎只要轻轻一触，它们就会消失得无影无踪。

斐济岛是一个蜜月天堂，每年来这里度蜜月的情侣不计其数；这里也是人间天堂，是享受美景的好去处。躺在洁白的沙滩上，浓郁的

◎ 斐济最大的印度神庙沙巴马尼亚湿婆庙

◎ 潜水的游客正在观赏狮子鱼

色彩斑斓的鱼儿将海水搅得五彩缤纷，这里到处都充满了热带海洋的原始美感

椰子树带来丝丝清凉，吹着海风，享受日光，只管在这远离尘世喧嚣的地方尽情地享受落日的余晖、海底的美景，跳一支舞，过着自由自在如神仙般的生活。斐济岛总是带给人们意外的惊喜，这片空明纯净的蓝色成为人们永远的追寻。在斐济岛，抛除杂念，只为享受这美景，迷失在海底的水族馆中，感受这海底世界的神奇与独特吧。

温馨提示

❶ 随身携带超过1万斐济币（约合5000美元）现金，或等值的其他货币现金时，一定要如实申报，否则有可能会被扣留和起诉。

❷ 尊重当地习俗，在部落中不得戴帽子或者太阳镜。

068

马尔代夫

黑夜潜游

椰树摇曳,清沙幻影,碧海蓝天,这里的每一寸风景都是上天的恩赐,这里有明媚热辣的阳光,这里有五彩斑斓的珊瑚和热带鱼,这里有远离尘世的安谧与宁静。

关键词:清沙幻影、黑夜潜水
国别:马尔代夫共和国
位置:南亚、印度洋

踏上马尔代夫的一刹那,热带海岛的风情扑面而来,看缱绻的云朵在湛蓝的天空中勾勒出一道又一道唯美的弧线,会让人情不自禁地感叹:此景只应天上有。马尔代夫有100多个小岛,它们就像是镶嵌在海面的璀璨珍珠,晶莹剔透,深蓝如梦,浅绿似幻。在这天光云影中徘徊,让那温柔迷人的蓝色拂过面颊,愿时间就此静止,只需安静地享受这般美好。

浅绿色的海水包围着白色的沙滩,就像是玛瑙中裹着一颗颗钻石,散发着摄人心魄的迷人光芒。漫步在这温柔的沙滩上,任凭突如其来的海水拍打着脚丫,清爽温凉,沁人心脾。

在海滩上喝杯咖啡是一种不错的选择

一眼望去,看一座座矗立在碧海之中的海屋,还有那一直延伸到远方的海面小道,漫步在海中央,走走停停,沐浴着马尔代夫金黄色的阳光和沁人心脾的海风,只需要跟着自己的心走,一切都变得美不可言。

在这样的美景中,迎来马尔代夫的唯美日落,看那夕阳的余晖洒在洁白的沙滩上,让原本纯净无瑕的海滩更加炫彩夺目。当然,来到马尔代夫,欣赏这番美景,徜徉在这碧波之中是远远不够的,还需要来一次深海潜水,为马尔代夫之旅带来一些刺激与

第七章 海中潜行

177

神奇的海底世界总是吸引着来自世界各地的潜水爱好者

美妙。

　　在马尔代夫潜水，绝对是一种与众不同的感受，因为与其他的海岛不一样的是，马尔代夫的海底世界，更适合黑夜潜水，在黑夜中看到的美景绝对让你惊喜不断。一切准备就绪之后，便可以踏入这梦幻的海底，一睹黑夜中马尔代夫的海底景色了。

　　进入海中的那一刻，已经无法用言语来形容这海底世界的奇妙了，虽然天空已经是繁星点点，但是海底世界依旧如白昼般热闹，应该说比白昼还要热闹。那形形色色的鱼儿在水中舞蹈，珊瑚在它们的照耀下若即若离，散发着浅粉色和淡紫色的光芒，让人深陷在一片奇幻美妙的世界中。这里的鱼儿用它们五颜六色的外表与热情欢迎你的到来。是的，黑夜潜水绝对是另一番趣味，你甚至无法想象这世界上居然还有这样奇特的热带鱼。它们就像是一个个发出光芒的天使，在海底世界尽情地畅游，为马尔代夫增添了别样的色彩。

　　在马尔代夫，体验不一样的潜水之旅和不一样的美妙人生，在这里，甚至不必深究自己来自何处，只需安静地享受这般美景，在这美如天堂的世界沉沦，只想时间在这一刻成为永恒，让人甘愿作为这一切美妙风景的守护者。

温馨提示

❶ 当地居民周日至周四上班，周五和周六为休息日。
❷ 马尔代夫是伊斯兰国家，在遇到有人祈祷时，不要从前边走过，尽量绕行不注视。

069

毛里求斯

拥抱大海的温暖

毛里求斯，这个面积不大的天堂，是个纯净又美好的世外桃源。

关键词：海洋生物、潜水、珊瑚礁

国别：毛里求斯共和国
位置：印度洋西南方

马克·吐温在17世纪乘船周游世界时，曾对一个印度洋的小岛发出过感慨："天哪！也许上帝先创造了这座小岛，然后又按它创造了伊甸园。"这个小岛就是如今的毛里求斯。它是一个热情奔放但骨子里却透着法国的浪漫、英国的优雅和印度的妩媚的非洲岛国，景色优美，风光绮丽，是名副其实的户外天堂。

毛里求斯岛是火山喷发形成的，现在岛上仍有一座死火山。在火山口湖泊的周围长满了各种奇异的植物。湛蓝的天空飘着几朵白云，远处的海水因为水下的沙子、珊瑚和

洁白的沙滩，碧蓝的天空，惹得游人醉

瑰丽的七色土，美得像梦幻一般　　　　　　清澈的海水孕育了各种各样的鱼类，它们是这个领域的精灵

礁石而呈现出多种颜色，美丽异常。一排排的草顶凉棚搭建在白色的沙滩上，像是一个个的大蘑菇，非常有特色，世界各地的游客可以在这放松心情，享受美好。

毛里求斯海水清澈见底，离海岸几十米远处也不过一米深而已。即便你不会游泳，也可以毫不担心地在水中嬉戏、玩闹。另外，这里还是世界著名的潜水胜地之一。在毛里求斯潜水，最直接的体会就是亲切的水温，从夏天的28℃到冬天的21℃，这里都会让你感受到大海温暖的怀抱。

毛里求斯有着大面积的天然珊瑚和大量鱼类，水下能见度极高，可以近距离欣赏各种海洋生物。特别是在夏天，温暖的海水吸引了大量的海洋生物，如鹦鹉鱼、石斑鱼、小丑鱼、海鳝以及各种珊瑚、海绵和海葵，是所有潜水爱好者心驰神往的地方。这里可以下水的地方很多。如果你是初学者，可以从浅海开始；如果你是有经验的潜水员，则可以选择前往更冒险的目的地，像悬崖、洞穴、礁石和沉船。

最吸引潜水员的潜水点往往在珊瑚礁附近，他们在这里不仅可以欣赏周围的风景，还可以找到精神乐园。毛里求斯周围的水域有20多艘沉船残骸，足够爱探险的人水下撒欢了。

在毛里求斯岛的中央有一片世上独一无二的"七色土"，像是上帝遗落在地上的彩虹，非常漂亮。其实七色土是由大小不一、颜色各异的山泥组成的，这些山泥就像一道道彩色的水流向两边的丛林。七色土的颜色我中有你、你中有我，没有全部掺杂，也没有完全独立。更让人感叹的是，将七色土翻开再混合之后，只要一场大雨，它们又会恢复成"地面彩虹"的样子，十分有趣。来观光的游客可以将七色土放入玻璃试管内，以作纪念。

在小小的毛里求斯藏着无穷的乐趣，它就像印度洋上一颗闪耀光芒的珠宝，把人们的视线紧紧地吸引过来，让没来过的人不能拒绝，让去过的人难以忘怀。

温馨提示

1. 潜水是小众项目，大部分参与者缺乏相关经验，如果您因为缺乏经验等任何原因在水中不适自动放弃，潜水的费用无法退还。
2. 潜水当天男生穿泳裤，女生穿泳衣或比基尼；建议自备毛巾、防晒霜，尽量不要携带贵重物品。

070

宿雾

"南方皇后市"

它是潜水爱好者永恒的向往，它是度假伊甸园，它是每个人心目中的维纳斯，它就是宿雾，一个岛如其名的梦幻海岛，一个梦中天堂。

关键词：玫瑰大峡谷　　国别：菲律宾
位置：维萨亚斯群岛的中心

宿雾是个神奇的海岛，这里全年气候宜人，是喜欢阳光的人度假的绝妙之地。在这个美丽神秘的小岛上，沉浸在醉人的风景中，看缱绻的白云懒散地在天空中飘过，洁白的沙滩上尽是欢声笑语，徜徉在这幸福的时光里，沐浴着阳光，啜一口热带饮料或者是香槟，这般惬意无可比拟。

来到这座"南方皇后市"，在这梦幻般的海岛上必须来一场永生难忘的潜水，让这次旅行成为人生中最美妙、最独特的回忆。宿雾的深海潜水与其他的海岛是截然不同的，也许在其他地方的海底，你能看到各种珍稀美丽的生物，但是宿雾与其他地方的最大差别是这里有迷人的海沟，独特之处在于海岸30米以外会突然垂直下降150米，而海底落差为海洋带来丰富的深海鱼类，当地人赋予了这神奇的地方一个美丽的名字"玫瑰大峡谷"。徜徉在这迷人的海沟之中，看垂直的岩壁矗立，血色的珊瑚在悬崖边尽情地绽放，这种壮观的景象，也只有在宿雾的海底才可以见到。

这里的鱼的种类之多，远远超乎你的想象，看各种各样的热带鱼在脚底游来游去，它们会时不时地亲吻人类的脚掌，环绕在人类的周围，与人类来一场唯美的邂逅。鱼的

深入海底观赏鲸鱼是潜水者的乐趣之一

第七章　海中潜行

181

小船载着游人的梦想驶向远方

颜色更是让人眼花缭乱，沉浸在这五光十色之中，尽情地享受海底世界的美妙与刺激。珊瑚沿着海沟的断层极力地向上生长着，它们犹如一朵朵铿锵玫瑰，艳丽无比。

是不是这非比寻常的海底世界已经让你无比惊讶？是不是这海底世界的奇特与美妙已经让你流连忘返？你是不是就想化身为一条小鱼，悠闲地在这碧蓝的海水中享受着自己美妙的人生？或走或停，或欢快或温婉，一切都只遵从心的召唤。是的，宿雾的非比寻常不仅是看在眼中，更是体会在心里。在这个梦幻般的天堂，只愿倾尽所有，用最美好的自己来善待这如梦般的景色，只愿不辜负这美好，留住那些人生中最难得的记忆。

一定要去一次宿雾，在梦幻般的世界里演绎属于自己的别样人生。一定要去宿雾的海底世界看一看，看看那陡然而下的海沟，看看那火红浪漫如玫瑰般的珊瑚，看看那神奇丰富的热带鱼，这一切的海底美景会让人忘记时间，只想静静地将这一切的风景安静地拥入怀中。

温馨提示

❶ 当面付小费时菲律宾人最忌付硬币，因为这可能被理解为施舍。

❷ 宿雾的1月到2月是凉爽的干季，最适合旅游。

071

蓝壁海峡

全球最佳潜水点之一

梦幻朦胧,椰树成林,沙滩小屋藏身于洁白细腻的沙滩。看空中云卷云舒,海面波澜不惊。让我们一起走进蓝壁海峡,寻找最佳的潜水点;让我们一起跃入海中,窥探梦一般的世界。

关键词:最佳的潜水点、日潜、夜潜	国别:印度尼西亚
	位置:北苏拉威西和蓝壁岛之间

蓝壁海峡这个狭长的海域,时刻散发出最迷人的光芒。因为蓝壁岛的阻挡使得蓝壁海峡的海面终年风平浪静,波澜不惊。在这里,可以享受大海的温柔与细腻,看微波划过海面,荡开一缕缕细腻的波浪。蓝壁海峡是全球最佳潜水点之一,不仅是因为这里独特的火山岩地形,更是因为这里的物种极其丰富,在任何地方进行潜水,都能欣赏到蓝壁海峡的绝美风景。

蓝壁海峡最令人心动的一点就是有日潜和夜潜,这两个时刻的蓝壁海峡是截然不同的,一个充满青春活力,一个安然恬静,两个潜水时段都可以带来感官上的绝妙享受。从日潜码头走进蓝壁海峡,可以看到各种鱼群,码头右侧有大嘴鲣鱼群,来回吞食浮游生物,这里是摄影的好位置;而右岸有一大片珊瑚斜坡地,还有众多的热带鱼。白天蓝壁海峡的每一处都是活力四射的,让人目不暇接,你唯一能做的就是不停地按下快门,将这一切都定格在一瞬间,让它成为人生中最珍贵的回忆。

再来看看夜潜的码头,能见度不高,只能依稀地看见桥柱上粉红色、黄色和白色参差交错的大海扇,紫色的千手海葵给人一种梦幻迷离的错觉。海底还有一个浮

蓝壁海峡隐藏着无数美丽、怪诞、神秘的小生命

> 如果不去潜水,坐在棕榈树下的沙滩上晒太阳也是一件幸福的事

潜洞,在洞中你可以窥探到许多神秘的小鱼,看它们调皮地模仿其他的鱼。蓝壁海峡的整个夜潜过程都充满了神秘感,令人禁不住想回眸多看几眼,也觉得是一种享受,更希望一直沉浸在这梦幻的世界之中。

蓝壁海峡的每一次潜水都能给人带来不一样的惊喜,海底世界的独特火山岩泥沙、灰白色的沉淀物,在这海底之中给人一种柔软细腻的感觉。看泥沙上留下的一道道岁月的痕迹,平坦却不单调,让人禁不住想要去抚摩它。也正是因为海底独特的火山岩泥沙,才成就了蓝壁海峡独特的一面,这里的物种比任何一个海底世界都要丰富。火山岩泥沙内在的营养物质孕育了大量的生命,这里是众多生物的温床,是它们温柔的故乡。走进蓝壁海峡,欣赏这里的火山地形风貌,看千奇百怪的鱼儿和珊瑚,享受这美妙的世界。你只需安静地欣赏这海底的一切美景,淡然地享受这般神秘与美妙,渐渐地融入其中,将这一切都刻于心间。

温馨提示

❶ 持申请材料在指定机场或港口入境时办理签证,需现场缴纳签证费,停留 30 天为 35 美元。

❷ 在蓝碧海峡潜水时,一定要看好天气,避开风暴期。

072

红海

年轻而热情的海洋

说到红海，脑海里一闪而过的就是那色彩鲜艳的贝壳。这里火红的海水，洋溢着青春的激情，看赤红的海藻在海水中尽情地摇曳舞动，使得整个红海光彩亮丽，炫目夺人。

关键词：沙漠气候、热情如火
国别：埃及、沙特阿拉伯、苏丹等
位置：阿拉伯半岛与非洲大陆之间

狭长的红海就像是横亘在阿拉伯半岛与非洲大陆间的一条海沟，使这两个地区遥遥相望。走近红海，看到这年轻并富有活力的景色，感觉整个心都被它融化了。这里特有的沙漠般的沙滩上整齐地分布着许多蘑菇小屋，你可以安逸地躺在长椅上，享受红海的日光浴。放眼望去，平静的海面的颜色总是会不停地在蓝色与红色之间变换，看那红色的珊瑚与海藻将原本碧蓝的海水映衬出了火一般的红色，这大概也是红海备受青睐的原因之一吧！

潜水者正在探索神奇的水下世界

这里独有的沙漠气候使得红海不像其他热带海洋一般千篇一律，这里的每一处风景都是专属于红海这个年轻的海洋的。红色的岩壁与红海遥相呼应，漫步在这片热情洋溢的沙滩上，可以感受到红海火热的海风与其中蕴含的激情，仿佛此时可以完全忘却所有的不开心，整个人都被这种独特的热情所包围，就此放松自己的心情，在这片热情如火的海洋中放飞自己。

当然了，红海不仅外表看起来如此充满热情，其实它的内部更加活力四射、引人注目。来到红海，就一定要去它热情的海底世界看一看它的与众不同，感受一下这里的生

> 充满生命和色彩的海底世界

物。潜入海底世界的瞬间，看到的不是其他海底世界那般的安静惬意，而是一种生命的活力，这里的每一种生物都激情四射，用它们独有的方式在欢迎人们的到来。

珊瑚群簇拥在一起，但是没有一丝的柔弱，它们坚强地生长在这红海世界，用它们的生命来装饰这里的每一寸风景。这里最常见的珊瑚就是火红色的，看着它们，整个人都充满了能量。再来看看这里独有的热带沙漠气候的鱼，自由地徜徉在海底，它们有时候会调皮地依着珊瑚，有时候又独立地游到远处。这里的鱼与生俱来就有一层红色的外纱，朦胧别致，如红色的梦一般，让人眼花缭乱。只愿沉浸在红色的世界中，惬意地享受这独有的热情，仿佛会被这红色感染一样，整个人也会变得热情并充满了活力。

这就是红海特有的魅力，它不与其他的海洋争奇斗艳，只是单纯地做自己，用自己独特的魅力得到世界游客的喜爱；用与众不同的热情与活力感染着来这里的每一个人，让人们深陷这红色的热情之中，无法自拔。红海，一个值得放弃所有，只为一睹它容颜的地方；一个去了之后绝对没有遗憾的好地方。让我们放下所有的矜持，尽情地沉浸在这片红色当中吧。

> 温馨提示
>
> ❶ 这里气温非常高，紫外线也非常强，大家游玩时注意做好防晒工作，以免晒伤皮肤。
> ❷ 大家在潜水时一定要注意人身安全，在安全区域内进行潜水活动。

073

诗巴丹
艺术品般的潜水天堂

看那浮在海面的小屋，安然静谧；看那缱绻白云似在海平面漂浮一般，梦幻诱人；看那日落渔火神秘别致，扑朔迷离。这种种独特的风景，也只有在独特的诗巴丹才能享受得到。

关键词：迷人、震撼、艺术品　　国别：马来西亚　　位置：北西里伯海

　　诗巴丹是潜水者的天堂，这里一年四季都可以潜水，不用有所顾忌，只要有想要潜水的冲动，就可以付诸行动。它是北西里伯海的一颗璀璨珍珠，独特的菌菇形状让它在游人的心目中留下了独特的印象。它是火山喷发之后留下的礼物，是一个靠近赤道却依然令人神清气爽的宝地。

　　关于诗巴丹的赞美真的是太多了，"神的水族箱""未曾被侵犯过的艺术品"这些评价都是对诗巴丹最大的肯定，它凭借独特的浅滩之后就是毫无缓冲的湛蓝深海成了潜水者心中一个想要征服的梦。

　　诗巴丹海底世界的特别，远远超乎你的想象，因为它独特的地势，这里的海底生物种类更为丰富，并且独特美丽。刚潜入水中时，或许只是一直在浅滩之中看着簇拥的珊瑚和少量的鱼类，一大群珊瑚礁环绕在诗巴丹岛的周围，但是就在不经意间，可能已经一步踏进了落差有600米的海崖，在这里，你才可以看到真正的诗巴丹海底世界。

让海龟带你畅游海底

对游客来说，无论是蔚蓝海洋还是细白沙滩都同样美丽和充满魅力

诗巴丹的海底世界除了迷人就是震撼，你可以发现奇形怪状的珊瑚、海葵、海绵，还有成千上万条白鱼和其他鱼组成的鱼群，缤纷杂乱，让人目不暇接。最动人心魄的是可以一边潜水，一边加入海龟的队伍。在它们的带领下，可以发现诗巴丹海底世界的与众不同和奇妙。如果够幸运，还可以看见成千上万条海鱼聚集在一起形成飓风眼状的鱼群的壮观景象，这是诗巴丹海底世界的一大奇观，也是在其他海底世界所不能领略到的景色。畅游在这神秘独特的海底世界之中，我们希望时间就在这份美好中定格，只愿宠溺着这些令人疼爱的海底生物，与它们一起来守护这片宁静美好的家园。

诗巴丹就像一件艺术品，神圣却非常有亲和力。即便是第一次来到诗巴丹的人，也会一见倾心。它特别却不矫揉造作，它用自己独特的风景吸引着人们的眼球。它的别致，不是其他的海岛可以比拟的，它就是它，一个具有神秘特质的火山小岛，一个外表宁静却内心火热的海岛，一个令人无数次回眸的海岛。它就是诗巴丹，一个看似普通却不普通的地方。

去过了诗巴丹，便知道在世界上再也找不到令人如此向往的潜水天堂。它就是一门艺术，需要耐心品味，仔细咀嚼，它的魅力不是一眼便能窥探的，它需要一个懂它的人去发现，去挖掘。

温馨提示

❶ 在诗巴丹潜水需要申请许可证，每天有名额限制，要提前安排。
❷ 诗巴丹是马来西亚的一个海上自然保护区，潜水时禁止喂鱼、抓海龟等。

074

基拉戈海滩

潜入朱尔斯的海中小屋

是不是你也有童话的梦？是不是你也想勾勒一幅属于自己的美妙之画？一切尽在这童话般的海滩——基拉戈，带你走进童话的世界，去寻找专属于你的童话梦。

关键词：童话世界
国别：美国
位置：佛罗里达州

和五彩斑斓的海洋生物来一次亲密接触

基拉戈海滩，可以称为一个精致的公园，因为在这里，你欣赏不到绵延漫长的细腻海滩。当然，这一切并不会让基拉戈海滩黯然失色，因为它狭窄紧凑的海滩具有迷人的魅力。随手拉一把长椅，拿一杯可口的饮料，悠然地躺在躺椅上，欣赏着清风和煦的温柔海滩，看尽基拉戈海滩的日出日落，将一切的温柔与美好都收入眼中，让这里的美景

○ 基拉戈海滩美丽的落日景色

成为人生中最美的回忆。

  当然了，来到基拉戈海滩，就不能只是在狭长的海滩上晒太阳。因为基拉戈的海底世界远比海面的平静更让人向往，丰富多彩的生物绝对会让人惊叫。让我们一起走进朱尔斯的海中小屋，一起享受基拉戈海滩与众不同的美妙与神秘。

  潜入基拉戈海底世界，就仿佛彻底进入了一个童话世界。这里除了千奇百怪的珊瑚礁，成千上万的鱼儿，更让人叹服的就是这里的海中小屋，一座座稳稳地伫立在海水之中，让人仿佛踏进了童话里的城堡一般，在这个童话世界里，享受人生的美好与曼妙。

  海中小屋精致而不奢华，设施齐全并且温馨，如果潜入了基拉戈海底，就一定不要错过海中小屋，一定要走进这童话般的世界，体会一下其中的神奇与美妙。这些海中小屋完全没于海水之中，只有深潜入海底，才能一探它们的真面目。海中小屋内有卧室和厨房，可以在这海底世界居住几天，透过玻璃的墙壁，看在小屋周围来来往往的鱼儿，欣赏天使鱼的完美，体会珊瑚礁的神奇，一切海底的美景都可以在这神话般的世界里窥探到。

  这童话般的世界就是基拉戈海滩的真实魅力，凭借着海底城堡吸引了无数的游客。来朱尔斯小屋小憩几天，享受海底童话的神奇与独特，让人觉得自己就是海底世界的中

在朝阳的照耀下，海水温暖平静，让人不忍打破

心，海底的所有事物都在自己的管辖范围之内，那些炫目夺人的鱼儿就是城堡的守卫者，环绕在周边，只要有需要，它们随时随地都可以来到身边。

时间就此定格，留住这童话般的美好。让我们一起潜入朱尔斯小屋，去童话世界里寻找最真实的自我，享受童话世界里的绝美风景，让自己成为海底世界的主宰者，将一切美好与唯美都轻轻拥入怀中。在朱尔斯小屋内安然熟睡，只愿没有其他人惊扰这一帘幽梦。

温馨提示

❶ 这里每年的 12 月至次年 4 月是旅游旺季。

第七章 海中潜行

191

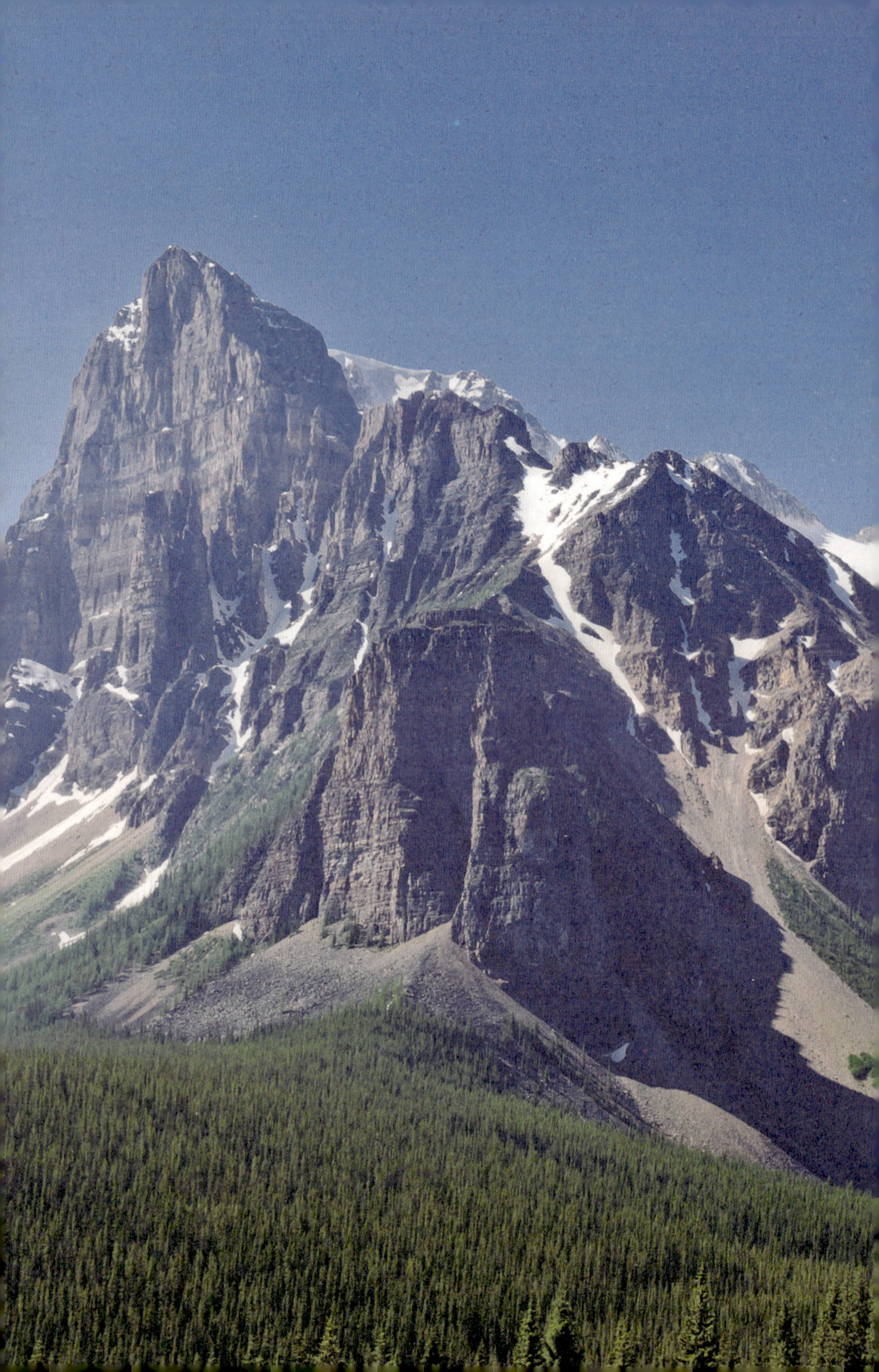

第八章

群山
之巅

绵延的山峰
就像是一个个错落有致的音符，
横亘在世界的每个角落。
当你敲开那扇厚重的大门，
映入眼帘的景色便让你深深折服，
仿佛穿过了春夏秋冬，
下一刻便是亘古永恒。
徜徉在山脉之中，
聚气凝神，
留下最美的影子。

075

落基山脉
北美洲的"脊梁"

关键词：冰蚀地貌
国别：加拿大、美国、墨西哥
位置：从加拿大的里阿德河到美国新墨西哥州的格兰德河

当照在落基山脉那一抹原汁原味的阳光和你在晨曦中相遇，当一片片只有在上帝的眼眸中才能见证的碧蓝出现在天空，当一簇簇将明媚彻底绑架的野花出现在脚下，你就会明白，"人间胜景"这四个字有时候也是如此苍白和空洞。

米兰·昆德拉曾说："人在无限大的土地之上，一种幸福是无所事事的冒险。"一千个人就有一千种旅行的理由，一万个人就有一万种不同的向往，无论如何，你、我、他的旅途都是一场幸福的冒险。

高耸天际的山峰此起彼伏，挺拔陡峭，终年覆盖着积雪

挺拔陡峭的山峰、郁郁葱葱的树木和山间小溪到处可见，景色十分迷人

班夫坐落于落基山脉北段，乘坐班夫空中缆车，能观赏到无与伦比的班夫全景

　　一次次，一回回，驻足也罢，跋涉也好，总会在生命中留下一份美好，一丝感动，一缕怀念。落基山脉是个适合旅行的地方吗？或许是，又或许不是，但那又有什么关系呢，当决定出发的时候，科罗拉多州最明媚的阳光就会和你一起上路。

　　落基山脉横跨三国，地域广袤，但对大多数登山爱好者而言，最深的向往还是埃尔伯特峰。埃尔伯特峰是落基山脉的主峰，海拔4399米，冰蚀地貌非常明显，丰富的动植物资源却为它平添了一份神秘。

　　费耶特维尔湖清澈见底，登山前在湖边慢跑两圈很有必要。登山鞋、登山手杖、登山绳、登山锁扣、纯净水这些都必不可少。若是你准备在埃尔伯特峰峰顶和星星来个浪漫的约会，帐篷和压缩饼干也要带上。和其他垂直地带性明显的山脉一样，落基山脉的下部也是密林的世界。道格拉斯黄杉、落叶松、白杨、云杉、红柏等树木每一棵都述说着一段叶子与阳光约会的故事。称不上大树参天，也没有棉花糖般的奇异树云能让人惊叹，埃尔伯特峰的林间是平静的，岩滑堆中探头探脑的鼠兔便是沿途最美丽的风景。埃尔伯特峰的道路很崎岖，没有任何人工开凿的痕迹，想要登上去不仅需要耐力还需要技巧，登山杖居功至伟，丛生的火焰草只有用它才能拨开。走过半山腰，山风吹起围巾，葱绿的山林也瞬间成为过去式。苔藓和蕨类灌木成了整个山间的主宰，不戴防滑手套的话根本就抓不住那被青苔润滑过的青石。

　　一路磕磕绊绊往上走，越来越稀疏的植被仿佛诉说着高处不胜寒的无奈，茕茕孑立的小湖泊中北极茴鱼正懒洋洋地晒着太阳。登顶的那一刻，落日正好与地平线平齐，万千感慨似乎都化作了一句"我会回来的"的呼唤，即便还不曾离开。

> **温馨提示**
>
> ❶ 最好准备一双保暖又合脚的鞋子和一副防滑手套。
>
> ❷ 滑雪是班夫公园必不可少的项目，自己准备好头盔和手套，会有免费的教练指导滑雪动作。

第八章　群山之巅

195

环球100 / 户外天堂 / 196

076

乞力马扎罗山
闪闪发光的天堂大门

东非大草原的辽阔无法勾勒它的风采，凝目望去，这座壮丽悠远的雪峰仿佛在燃烧，山腰的流岚雾霭便是它蒸腾的梦。

关键词：赤道雪峰、妖娆　　**国别**：坦桑尼亚
位置：坦桑尼亚东北部

"乞力马扎罗是一座海拔5895米的常年积雪的高山，据说它是非洲最高的一座山，西高峰被马基人称作'鄂阿奇—鄂阿伊'，意为上帝的宫殿。"海明威在《乞力马扎罗的雪》中这样写道。

乞力马扎罗山作为一种骄傲而存在，赤道的炎炎烈日照耀着它沧桑的身影，近乎60℃的高温似乎是在嘲笑着"赤道雪峰"的荒谬传说。赤道上会有雪山吗？似乎没有人相信，但事实是在地球上最热的赤道带上的确镶嵌着一颗晶莹剔透的冰雪明珠。

站在乞力马扎罗山的山麓，看着那浓墨重彩勾勒出的纯粹热带风光，很难想象，在这座山的尽头会是另一番胜景。眺望乞力马扎罗山洁白的峰顶是每一个登山者都喜欢做的事情，因为踏上山峰的那一刻，时光便似乎在不同的时空之中迷失。

笨笨的非洲象、胆小的斑马、爱钻沙堆的鸵鸟、无忧无虑的蓝猴、温驯的长颈鹿都是山麓平原上最原始的动物，它们相亲相爱，每日都抱着香蕉树、金合欢树愉快地入睡，草原的阳光便是它们最好的伙伴。回眸看一眼坦桑尼亚最美丽的风景，一步步向上攀登，热带雨林变成热带灌木，色彩如万花筒般在不断变换。山腰处缥缈逸散的云雾就是冰雪最好的使者，珍贵的木布雷树就是大自然对乞力马扎罗山最大的恩赐。走过2000米的分界

近距离观察大象

乞力马扎罗山是一座孤单耸立的高山，在辽阔的东非大草原上拔地而起，气势磅礴

线，会陡然觉得自己一下从热带进入了温带，虽然植被依旧繁茂，但"宅"起来的动物却明显多了起来。踩着碎石路继续向前，传说中的乞力马扎罗"雪帽"便赫然在目。

乞力马扎罗山的雪和其他雪山上的雪不同，它是一种晶蓝的雪，是赤道金色的阳光下最不可思议的神话。静立山巅，俯瞰云端，一切是如此不真实。脚很累，心却很轻松，当然在冰天雪地中和赤道上的骄阳合个影非常必要。

"每一座山都有自己的妖娆。"这句话不知道是谁说的，很朴素，但也很正确。乞力马扎罗山的妖娆你感觉到了吗？如果感觉到了，就马上"飞"到这里来吧。

乞力马扎罗山登山路线中的马切姆路线途中的风景

温馨提示

❶ 登山之前一定要做好功课，必备物品从羽绒睡袋到便携式热水瓶一个都不能少。

❷ 如果感觉到身体不适，千万不要贸然上山；雇背夫需要付小费。

第八章 群山之巅

197

珠穆朗玛峰

地球之巅

> 珠穆朗玛峰是古今英雄的梦，8844多米的高空凝冻不住沉默的寒冬，多少期待化作停不下的脚步，攀登，直到那亘古的峰巅。

关键词：地球之巅、世界第三极
国别：中国、尼泊尔
位置：中国和尼泊尔的交界地带

　　自从1953年埃德蒙·希拉里登顶成功，屹立在中国和尼泊尔交界处的珠穆朗玛峰便成了许多登山爱好者的终极梦想。征服"世界第三极"不仅仅是一种胜利，更是一种无上的荣耀。

　　只有亲自站在这座喜马拉雅山脉的主峰下，才能体会到那种参天巍峨的雄浑与壮美，那仿佛已经刺透了九重天阙的山峰旁群峰林立，洛子峰、马卡鲁峰、普莫里峰、章子峰

珠穆朗玛峰终年为冰雪覆盖，地形陡峭险峻，是世界登山爱好者最向往的地方

等峻拔的奇峰在它面前都只能是陪衬，用"万峰朝拜"来形容丝毫不为过。

从珠峰北坡一路向上，沿途的林木就像是用尺子丈量了一般层次分明，繁茂的热带季雨林还没来得及和登山者打个招呼，樟树、山茶树、月桂树等亚热带常绿乔木就已经在热情地招呼远道而来的游人了。真正让人体味到"畏途巉岩不可攀"，还要在海拔2000米以上。山路逐渐崎岖，长臂猿时不时地出现，森林向草甸的转变似乎有些突兀，但细细感悟却又觉浑然天成。

○ 不畏严寒的登山队伍

如果单纯为登山而登山，那么旅途就是一种磨炼；若是为了追梦而登山，再多的坎坷也是幸福的。雪豹、藏羚羊、牦牛展现的是奇妙的自然之美，百灵唱响的则是阳光之歌。细密的汗水顺着两颊流淌，汗珠滴在落叶上，即便碎了也是一种唯美。

草甸的尽头，便是冰川。传说，珠峰峰顶冰川覆盖面积能够达到1万平方千米，远远望去，不像是一座山，更像是一座用白色和绿色装点的巨大金字塔。在它面前，埃及金字塔也要黯然失色。

缤纷瑰丽的冰塔林、险绝尘寰的冰陡崖、光芒幽暗的冰裂隙、移动城堡般的庞大冰川在草甸的尽头迷人眼睛。当然了，那晶莹的冰雪背后隐藏的是重重的危险，登顶珠峰的梦想在5200米的时候就应该画上一个阶段性的句号，因为珠峰大本营就在那里。

晨光熹微时，和"5200米纪念碑"来个亲密的拥抱更能收获无数的羡慕眼光。不要说不甘心，如果对自己绝对自信，也可以继续登顶，但越往上冰雪下暗藏的危险也就越大。所以，如果只是普通的登山者，实在是没有必要为了一个未泯的梦想去冒险。

温馨提示

❶ 对于想要挑战珠峰的人来说，高原反应是要重点关注的问题，登山者最好适应高原气候之后再上山。

❷ 登山时不要怕重，四季衣服、防晒霜、太阳帽、感冒药、肠胃药以及其他常备药都应该带齐。

第八章 群山之巅

199

勃朗峰
"大自然的宫殿"的主峰

妖娆的勃朗峰，在晴空下演绎着大自然神奇的霞慕尼冰洞，柔美得仿佛要融化世界的莱芒湖，山脚下宁静祥和的小镇……

关键词：南针峰、雪峰、冰川
国别：法国、意大利
位置：法国和意大利交界处

极具风情的霞慕尼小镇是勃朗峰的登山口，每年都会有数百万人从此出发

落英缤纷的季节，吹散了迷住眼帘的蒲公英，一路追逐着欧罗巴独有的浪漫气息来到阿尔卑斯山脉。作为闻名遐迩的世界级旅游胜地，阿尔卑斯山脉的确配得上"大自然的宫殿"的荣耀。它是欧罗巴的冰川中心，各种各样的冰蚀地貌在这里汇聚成一首隽永的诗。

征服阿尔卑斯山脉的第一步是征服主峰勃朗峰，而征服勃朗峰的第一步则是邂逅勃朗峰下的霞慕尼小镇。小镇非常安静，即便已经声名远扬，但这个孕育着冰雪传说的小镇并没有被世俗改变，河水的潺潺声是这里唯一的交响曲。

勃朗峰的支脉南针峰是霞慕尼的地标，如果没有配备专业的登山装备，登上南针峰的唯一途径便是缆车。南针峰索道在法国闻名遐迩，但徒步登山才是最大的乐趣。绿油油的常青藤、紫中带青的不知名灌木、淡淡清香的野花都是一路最优美的风景。随着登山镐的不断挥动，霞慕尼小镇带着浓厚法国色彩的木屋渐渐地变成

连绵的雪峰 云海，强烈地冲击着人们的视觉

了一个个彩色的点缀，身后的青葱也成了独特的绿色背景。海拔的升高让气温渐凉，呼哧呼哧的喘气声听起来更像是阿尔卑斯山脉最完美的伴奏。当峰顶的观景台终于映入眼帘时，你会发现自己已经进入了一个由白色和蓝色构成的世界，除了那皑皑的雪峰、淡蓝的冰川、蔚蓝的天空，满心满眼再也容不下任何东西。

  低下头，居高临下看着霞慕尼小镇，整个法国的恢宏似乎都在一瞬间发酵；抬起头，仰望着勃朗峰，不断在山间移动的登山者似乎在昭示着某个即将到来的辉煌瞬间。不是专业的登山者，我们无法希冀登顶的辉煌，但也能在山下为他们祝福。转过头，看看那奇特的冰碛地貌，看看那秀气的冰蚀湖、陡峭的角峰、奇伟的悬谷、巨大的冰斗，然后在阳光明媚的时候去阿尔卑斯冰洞逛一圈，此行便也算圆满。冰洞其实也在霞慕尼的登山道上，但垂直90°的洞穴单单看一眼就已经让人眩晕，更不要说是在有无数冰雨的情况下向上攀登了，普通人只能望洋兴叹。然而，不管怎么说，当回忆时，可以笑着说曾去过世人都期待的"大自然的宫殿"，这就足够了。

第八章 群山之巅

温馨提示

❶ 最佳游览时间是5月。

201

玉龙雪山
纳西族人心中的圣地

关键词：扇子陡、冰川、甘海子、蓝月谷
国别：中国
位置：云南省丽江市

有一个地方，能让雄峻巍峨的高山如诗；有一个地方，能让锋锐如刀的冰凌化梦；有一个地方，一直是全世界登山者梦中的灯塔……这个地方，就是玉龙雪山。

玉龙雪山不仅巍峨壮丽，而且随四季的变化而变化，绮丽多姿

在纳西族的古语中，玉龙雪山被称作"吉乌鲁"，意为"银峰"。这座纬度低、海拔高、被玄武石装点成景的雪山黑白分明。黑色的岩石，白色的雪，中间没有其他颜色过渡，却丝毫不显得突兀。阳春三月，草长莺飞的日子，背上登山包，去体味一下纳西圣地的奇、秀、险吧。

玉龙十三峰，主峰名叫扇子陡，5596米的海拔不算是惊世骇俗，但至今为止还没有谁能够将它踩在脚下。四季不同，玉龙雪山的景致也各有不同。春暖花开的日子，玉龙雪山远远看去像是蒙在一层雾中，若隐若现，尤其是清晨，第一缕阳光刺破雾气的时候，雪山委实美得令人目眩。

冰川公园大索道是许多登山爱好者攀登玉龙雪山的首选。索道的起点在扇子陡峰正下方，绵延近3000米的冰川远远望去仿佛是一座倒悬的银色瀑布。冰舌部分更是奇峰插天。周围芳菲的碧草在阳光下和冰川的银白交相辉映，若是不仔细分辨还以为雪是绿色的。绿

玉龙雪山不仅气势磅礴，而且形状玲珑，还有皎洁晶莹的玉石

雪奇峰，浑然天成，鬼斧神工，令人赞叹。等到视线随着缆车的上升而缓缓抬高时，犹抱琵琶半遮面的扇子陡也缓缓地退去了面纱，那潇洒的样子，还真有些形似风流文人的白折扇。

目光越过扇子陡向东，很轻易就能看到甘海子那一片辽阔的草甸。从缆车上下来，手掬一捧雪敷在脸上，冰冰凉凉的，仿佛能感受到雪的脉搏。这个时候喝一杯雪茶是个不错的主意，但雪线之上没有烹茶的好水。一路徐徐向下走，来到甘海子。在这里你不仅能喝到正宗的雪茶，品尝到醇香的鸡豆凉粉，还能和纳西族牧民来一次零距离的接触。牡丹、雪莲、雪松、兰花、刺栗、冷杉、牦牛、黄牛、山羊点缀在帐篷旁，偶尔有袅袅的炊烟升起，平和而温馨。甘海子旁边还有一座蓝月谷，白色大理石镶嵌的白水河流淌着雪山的柔情，星辉闪烁的夜晚，坐在河边唱一首情歌，怕是世界上最浪漫的事了。

想享受浪漫吗？想邂逅春日白雪吗？想体验绿雪恋歌吗？那就来玉龙雪山吧。

> **温馨提示**
>
> ① 玉龙雪山海拔较高，登山时要注意高原反应，同时要带好防晒物品，特别是墨镜，以防雪山反光，刺伤眼睛。
>
> ② 玉龙雪山索道的营业时间是 9:00—16:00，建议早上山早下山。

第八章　群山之巅

203

乔戈里峰

世界上第二高峰

关键词：高大雄伟、震撼人心
国别：中国、巴基斯坦
位置：中国和巴基斯坦交界处

相传乔戈里的王子恋上了慕士塔格的公主，相思成疾，公主的眼泪化作了冰川，王子的灵魂则氤氲成了慕士塔格最绚烂的彩霞，留下的只有冰冷的乔戈里峰。

"乔戈里"在塔吉克古语中，意为"高大雄伟"。的确，乔戈里峰是高大雄伟的，海拔8611米，被国际登山界称作"K2"，在世界海拔8000米以上的14座高峰中排名第二，仅次于珠穆朗玛峰。

从远处眺望乔戈里峰，它冰雪雕琢的表面总是有迷雾笼罩，灰黑色的山体与白色的积雪相映，夕阳斜照时总是散发着一种独特的、震撼人心的魅力。走近了，再细细地看乔戈里峰，虽然山麓到山腰植被也算茂密，但那丛丛的灌木却让人联想到了凄婉与荒凉。

不同于珠穆朗玛峰的郁郁葱葱，阿尔卑斯山脉的温柔多情，乔戈里峰在人们的印象中从来都是冷峻而野蛮的。登顶乔戈里峰比征服珠穆朗玛峰还要难上数倍。春末夏初，当春花旖旎、夏花烂漫的时候，从麻扎达拉徒步6天，看着戈壁，踩着黄土，伴随着偶尔出现的塔吉克民宿，就来到了音红滩，乔戈里峰大本营就在这里。

音红滩最美丽的时候不是黄昏，也不是初晨，而是午

乔戈里峰被称为"野蛮巨峰"

○ 乔戈里峰虽然地形复杂多变，环境恶劣，但风景极其秀美

后。当午后阳光最明媚的时候，活泼的音苏盖提河水被镀上一层淡淡的金色，河岸边婆娑的红柳在微风中炫耀着自己的婀娜，绿茸茸的水草发出欢快的笑声，鱼儿调皮地围着水草打转，牛儿羊儿也撒欢儿般用蹄子刨着松松的土，此时，与爱人依偎在红柳下绝对是一种浪漫。

相偎无言，直至星月满天，携手站在河边，抬望眼，音苏盖提冰川正闪烁着灿烂的光辉。瑰丽的塔林，巨大的冰舌，刀锋般直插天际的冰峰，虽然不是特别巨大，但却别有一种幽邃深沉的美。

恍惚间，似乎做了一个梦，梦中登顶乔戈里峰。醒来后，天已经亮了，迎着朝阳，音苏盖提冰川依旧巍峨，作为背景的乔戈里峰遥远得仿佛在天涯。那一刻，突然有所感悟，人生能有一次机会和世界第二高峰如此接近，便不该再存其他奢望。

温馨提示

❶ 乔戈里峰地势险峻，气候也非常恶劣，登山活动适宜安排在每年5月、6月。

❷ 到达乔戈里峰登山大本营要翻越海拔4800米的阿格勒达板地区，此处每年7月、8月水势会暴涨，人畜都不能通过。

第八章 群山之巅

205

冈仁波齐峰

未被征服的圣地

关键词：佛教圣地、玛尼堆、阿里之巅
国别：中国
位置：西藏自治区阿里地区

冈底斯山脉美如画，冈仁波齐峰则是画中最美的风景。青葱的山峦，晶莹的白雪，淡淡的佛光，奇美的山谷，梦幻的冰川……阿里之巅，绝美从来都不只是幻象。

曾经以为见识了泰山的雄伟，阅遍了黄山的险秀，目睹了青城的纤美，邂逅了阿尔卑斯山脉的冰雪胜境，触摸了珠穆朗玛峰的绮丽，世界上便再也没有哪座山能够称得上令人震撼，然而，当冈仁波齐峰在西藏阿里地区的微风中翩跹而至，之前的武断便都被打破了。

冈仁波齐峰是冈底斯山脉的主峰，海拔6656米，是中国最美的十大名山之一，也是世界著名的佛教圣地。在藏语中"冈仁波齐"的意思就是"神灵之山"。相传，在冈仁波齐的七佛山七香海之上居住着360位神灵，而冈仁波齐峰住着的则是佛祖。所以，在佛教中，冈仁波齐还有一个煊赫的名字——须弥山。每年，印度、泰国、尼泊尔等地的佛教徒都会蜂拥而至，前来朝圣。

6月，夏花烂漫之时，穿上登山服，拿好登山镐，坐上开往阿里的客车，一场别开生面的踏梦之旅便悄无声息地开始了。冈仁波齐峰很美，站在山脚下，虽然看不到白云缭绕下山峰的真容，但那峻拔中带着几分神秘的山影却依旧令人动容。

仰望着一片望不见边际的苍翠，一步一步地向上攀登，疏密有致的林木总是能引发无限畅想。偶尔，还能看到一两只摇晃着大尾巴的

冈仁波齐峰特殊的山形与周围的山峰迥然不同，让人不得不惊叹

冈仁波齐峰南侧的拉昂错湖的湖水，蓝得让人心醉

黑松鼠或者一群叽叽喳喳的小鸟。

到达三四千米高度的时候，山风变得凛冽，斜照的夕阳也微微带着几分落寞，几块青灰色、形状不甚规则的石头以一种十分奇异的方式堆叠在一起，看上去既散乱又有些神秘。这些看似无序的玛尼堆实际上是神灵的祭坛，通过献祭，佛教徒希望能够得到神灵的赐福。

南峰的"卍"字是转山途中最不容错过的风景。一条自白云峰顶绵延而下的巨大冰槽和一条横向延伸的岩石缎带在半山交织，在阳光的照耀下，散发着碎金般的光芒，仿佛真的沐浴着佛光。

冈仁波齐峰被誉为"阿里之巅"，峰巅常年为白云所掩盖。雨后初晴时，一道彩虹横挂，七彩的虹光与白云相映，别有一番旖旎。落日熔金的时刻，云雾微微散开，峰顶终年不化的冰霜倒映着绿、金、蓝三种颜色，雪中奇峰，冰上丽阳，美得不可思议。

天色渐暗，转身下山时忍不住仰首回望，仿佛金字塔一般精致的冈仁波齐峰在夜色中用树叶唱响了忧伤的一曲。那一刻的美丽，已经镌刻在生命中，让人无法忘怀，更不会忘怀。

冈仁波齐峰，神山圣石，若一生不曾邂逅一次，便是一种遗憾。

> **温馨提示**
>
> ❶ 最佳游览时间为每年5月至6月。
>
> ❷ 西藏地区海拔较高，许多人都会有高原反应，务必准备好药物。建议心脏功能不太好的游客慎行。

第八章 群山之巅

207

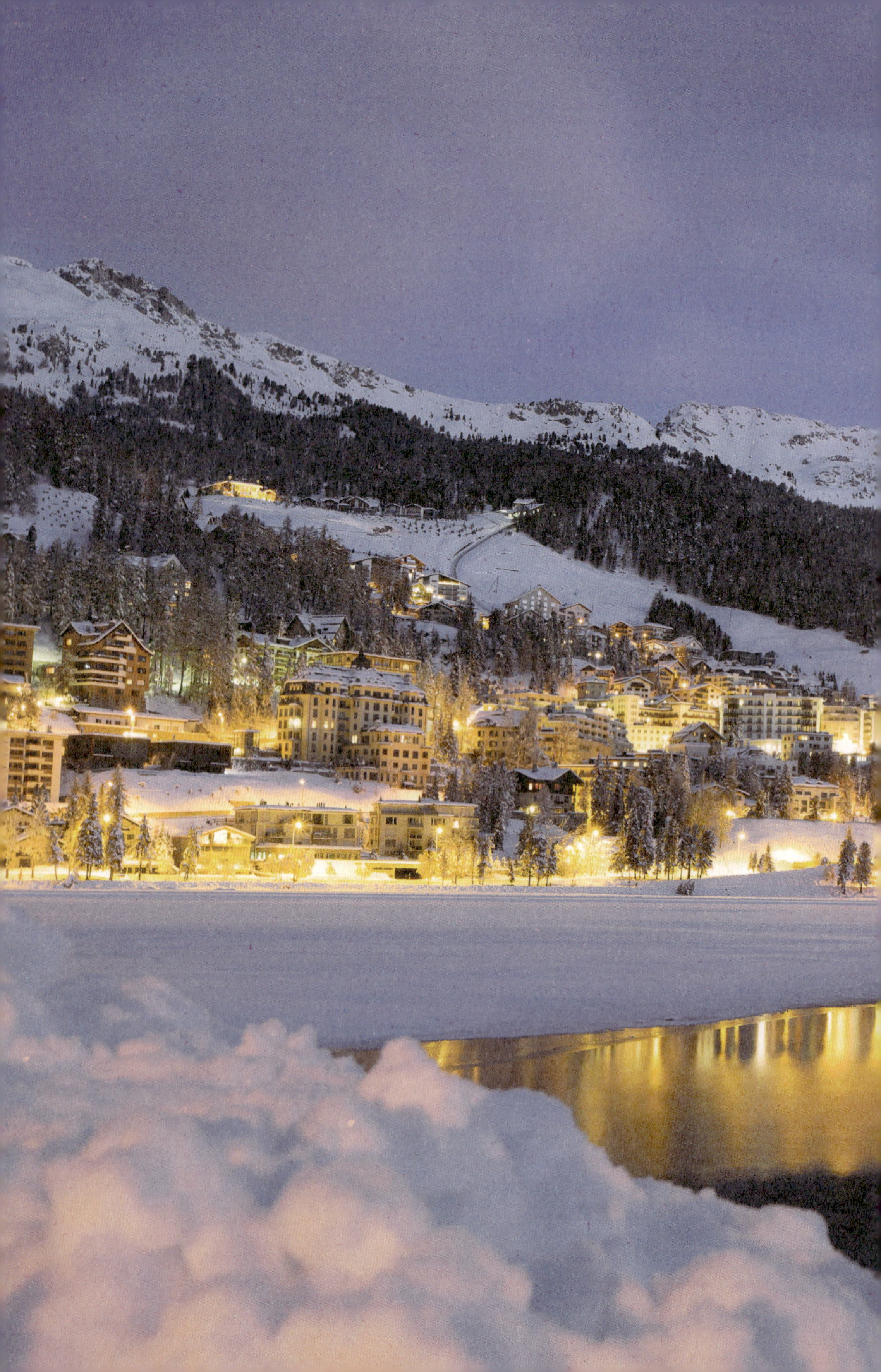

第九章

冰雪
奇缘

你说你喜欢银装素裹的世界，
这种偏爱，
这种固执，
便也只有在这洁白的世界，
才能表现得淋漓尽致。
空灵纯净的世界
有着一尘不染的高贵与优雅，
但愿在这冰雪世界之中，
能邂逅人生中最美的缘分。

082

圣莫里茨
滑雪运动者的天堂

关键词：滑雪天堂　　国别：瑞士
　　　　　　　　　　位置：格劳宾登州

脚踏滑雪板，自由自在地滑行在这洁白的雪地之上，享受高贵优雅的雪场带来的不一样的感受，体会从高坡一滑而下的刺激与奔腾。瑞士圣莫里茨滑雪场，带给你前所未有的体验。

曾几何时，望着那银装素裹的山脉，整个人都沉浸在这种高贵优雅的世界，无法自拔。雪对人而言，本就是纯洁、高尚的象征，漫步在这一望无垠的白色世界，内心也变得淡然与纯净。人们所有的情怀，都会在瑞士的圣莫里茨滑雪场得以释放。

仿佛瑞士整个国家都沉浸在冰雪的天地一般，这个有着纯洁灵魂的国度，有无数个滑雪场，但圣莫里茨滑雪场最深入人心，让人流连忘返。它是滑雪爱好者的胜地，是滑雪运动者的天堂。这里雪山林立，雪质优良，随便一座雪山就拥有天然的滑雪道。

圣莫里茨这个城市并不大，但是每年都有众多的游客慕名而来，只想亲身体会一番在这个圣洁的地方滑雪的感觉。这里没有寒冷的气候，每一天都让人感觉舒适。滑雪设备齐全，在这里，不需要顾忌太多，只需要勇敢地向前倾身，任凭滑雪板将自己带向山下的终点。

圣莫里茨有一个350米长的滑雪道，落差超过了3500米，光是听到这个数字就能想到它能带来多大的刺激了。一切准备就绪之后，就可以像一只展翅高飞的雄鹰，全副武装，从峰顶呼啸而过。站在峰顶之上，就像是人生赢家一样俯视着这冰雪般的世界，仿佛已经能看到

这里白雪皑皑，冰川连绵千里。陡斜雄伟的山坡是滑雪的最佳场所

圣莫里茨拥有万年冰霜的群山以及神秘的湖泊，优雅而高贵，具有无穷的魅力

自己从这雪道之上一滑而过。或许这个高度会引起内心的恐惧，再大的恐惧都无法阻挡那皑皑白雪带来的诱惑力，它鼓动人们勇敢向前，用滑雪棍向后一撑，便能从峰顶之上急速滑下。就像是展翅高飞的雄鹰，自由自在地翱翔在这圣洁的冰雪世界之中，看着沿途的树上挂着的冰条，欣赏着被白雪包裹着的劲松，在这冰雪的世界，一切的纯洁与高雅都是不容许被玷污的。这一刻，才能心无杂念，单纯地享受冰雪世界的奇景与滑雪带来的快乐与兴奋。

在这样的一个滑雪天堂成功地挑战自我，就像是与冰雪世界融为一体；就像是一只振翅高飞的雄鹰，在冰雪世界完成了人生的一次极限挑战，尽情地飞翔在这银装素裹的世界。如果想挑战自己，如果想沉淀自己，那么一定要来滑雪运动者的天堂——圣莫里茨，它一定会带给你别样的惊喜与刺激。

> **温馨提示**
>
> ❶ 瑞士的商场和超市绝大多数在周日及节假日不营业。
>
> ❷ 圣莫里茨湖的青年旅社不仅价格划算，还可以提供免费的缆车。

霞慕尼
优美的滑雪胜地

浪漫中不失本真，美景中蕴含极限挑战。法国的霞慕尼，一个浪漫优雅的小镇，一个银装素裹的世界，一个唯美纯洁的滑雪胜地。让我们一起走进霞慕尼，体会这里的别样风情。

关键词：举世闻名、滑雪胜地
国别：法国
位置：阿尔卑斯山脉脚下

霞慕尼本是一个普通平凡的小镇，却因为坐落于阿尔卑斯山脉脚下而举世闻名，成了众人竞相追逐的滑雪胜地。一年一度的雪季，原本朴实无华的小镇已经全然披上了白色的外衣，灿烂的阳光使得原本淳朴的霞慕尼顿时高贵了起来。独特的地理位置让它具有了成为滑雪场的优势。冬天的霞慕尼温度并不高，站在滑雪场上品一杯咖啡也十分惬意。

一眼望去，霞慕尼就像是遗落在人间的天使，坚强地守护在阿尔卑斯山脉的身边，神圣不可侵犯。在这冰雪世界之中，霞慕尼流露出了它与生俱来的高贵气质，给阿尔卑斯山脉带来了活力。围绕在霞慕尼周边的针叶林，都披上了银色的外衣，霞慕尼的一切都在冰雪的修饰下，变得更加高贵。而看到这一切的人们，更是不忍心去破坏这种纯净与圣洁。霞慕尼的滑雪道并不是十分陡峭，但是从山顶

● 各种水平的滑雪爱好者都能在天然雪场找到适合自己的雪道

● 霞慕尼拥有欧洲最高的缆车，坐在上面，任何人都会被其壮丽的景色震撼

被积雪包围的霞慕尼小镇，浪漫而温馨

滑到山底，可以欣赏到与众不同的风景，感受到与众不同的霞慕尼风光。

　　滑雪运动的准备工作已经做好，只待倾身向前，便可以飞驰在滑雪道上，将霞慕尼的景色一览无余。站在山顶之上，看着霞慕尼在自己的脚下，所有的景色都凝聚在一起。有凌寒独自开的傲骨花朵，也有在冰雪世界中沉睡的树木；有回荡在整个山谷的银铃般的笑声，也有极限滑雪带来的尖叫。鼓起全身的勇气，你从那山顶之上勇敢地迈出了自己的第一步，看一排排的云杉向后倒退，欣赏着滑雪场的优美风景，好似成了一名真正的滑雪勇士。

　　沿途的风景总会让人留恋，从两侧都是冰雪覆盖的高山上奔驰而下，看洁白的雪在脚下滑向了远方，看一只只滑雪板在滑雪场上留下深刻的印记。这一次的滑雪经历，可以作为一种勇气的象征，绝对会成为人生中珍贵的记忆。在这般天地融为一体的纯洁世界里，证明自己的勇敢，并完美地为这次滑雪旅行画上一个完美的句号。

　　如果想体会一番滑雪场的刺激与优雅，如果想感受一下法国风情的浪漫，如果想欣赏一下霞慕尼的冰雪世界，那一定要来一次霞慕尼的滑雪场。它可以带你战胜恐惧，带你走进童话般的冰雪世界，让你领略一番只属于霞慕尼的独特风情。在这个滑雪胜地，人们尽情地释放自己，抛开之前的困扰，只需好好地沉浸在白皑皑的世界之中，用勇气在滑雪场上勾勒出一条完美的弧线。

温馨提示

❶ 很多超市及商店不收 50 欧元以上的纸币，如果携带大额纸币最好先换成零钱。

❷ 机场办理退税时，在海关检查以前请勿将商品托运。

第九章　冰雪奇缘

084

拉普拉涅

伸手就是天堂

如果你也向往和雪山、冰川的亲密接触，将阿尔卑斯山脉的皑皑雪景揽入怀中，那么一定要去法国的拉普拉涅，这里有着滑雪胜地的极速激情，也有着古老小镇的优雅浪漫，一伸手便是天堂。

关键词：滑雪天堂　**国别**：法国
地理位置：阿尔卑斯山脉之中

法国拥有世界上数量最多的滑雪场，拥有数量最多的滑雪通道，在这里，可以将法国的浪漫与激情一览无余，可以肆无忌惮地释放自己的天性。如果非要在这众多的滑雪场中挑出一个，那么绝对是拉普拉涅。这个幽静神秘的小镇拥有众多的滑雪场，规模之大，绝对超乎想象。

阿尔卑斯山脉无时无刻不散发出一种冷冽的气息，但这里的空气一尘不染，在这里的每时每刻，都可以自由自在地畅快呼吸。这里的雪更是得天独厚，随手抓一把粉雪，在阳光下能清晰地看见一颗颗晶莹剔透的雪粒。

拉普拉涅的滑雪场非常广阔，所以无须迎着拥挤的人流，就可以毫无束缚地从峰顶上畅游而下。这里有各种各样的滑道可以挑战，无论是新手还是滑雪经验丰富的老手，都可以在拉普拉涅的滑雪场找到适合自己的滑雪道，深刻体会滑雪的刺激与快感。拉普拉涅的滑雪场是非常安全的，但是从滑雪场下面向上望去，感觉整个滑雪场是垂直的，仿佛直勾勾地悬挂在阿尔卑斯山脉之上，仅仅是抬头一瞥，都让人内心恐惧。在这样的滑雪场，摔倒是再正常不过的事情，经常会看见一些滑雪者被抛出了几十米，但是依旧可以镇定自若地拿起滑雪板，继续滑雪旅程。这就是滑雪精神，永不放弃。

当然，拉普拉涅广阔的滑雪场注定了这里滑雪模式的多样化，无论是想玩单板滑雪，还是想用双板征服雪道，在拉普拉涅都是可行的。滑雪时，甚至能感受到那被抛在身后的积雪在这雪山的风中洋洋洒洒、晶莹剔透。

滑雪的过程其实就是一个战胜自我的过程，即便是滑雪的过程中摔倒了，也可以当成自己与皑皑白雪来了一次亲密接触。滑雪的魅力只有真正滑过雪的人才能感受得到，在这个圣洁的世界里，迈开自己的双脚，雪杆一动，便能从峰顶呼啸而过。与其说刺激，不如说这是一种挑战。在拉普拉涅，伸手就是天堂，可以触摸到晶莹剔透的皑皑白

○ 拉普拉涅滑雪场是欧洲人心中的滑雪胜地

雪，可以尽情地在这广阔的滑雪场中撒野。在这里，人们的目标只有一个，就是征服陡峭的滑雪场，成为一名真正的勇士。在这里，只需做自己，这就是拉普拉涅的魅力，一个你绝对不能错过的滑雪胜地。

温馨提示

❶ 最佳滑雪时间是每年 11 月至次年 5 月。

❷ 雪场一般不预备滑雪服，如果想租滑雪服，需要去大雪场。

环球100 / 户外天堂

085

太浩湖

净化心灵的旅程

关键词：净化心灵、纯净透明
国别：美国
位置：加利福尼亚州和内华达州的边界

太浩湖的美令人窒息。一眼望去，湛蓝、平静的太浩湖被冰雪所环绕，湖水闪烁着宝石般的光芒，站在湖边，心灵也变得纯粹。这就是太浩湖，一个令人魂牵梦绕的地方。

两座山峰之间的断层，造就了梦境一般的太浩湖，湖边有许多山峰环绕，所以才能成就太浩湖的滑雪场。太浩湖的滑雪场为每一个级别的滑雪者提供了相应的滑雪道，在这里，滑雪者完全可以对号入座，找对自己的位置。看到两边美不胜收的山景，就会明白，在太浩湖边来一场滑雪之旅，不仅是一件惬意的事情，更是一件幸福的事情。太浩

没有嘈杂的车流，空寂的滑雪场上只有鸟鸣或是风声，仿佛任何其他的动静都会惊动大自然和谐的韵律

太浩湖边的滑雪场景色优美

　　湖就像是一个天蓝色的水晶球，静卧在这巨大的山谷之间，散发着耀眼的光芒，看到这天地相接般的景色，原本躁动的内心在这一刻会归于平静。在这里的滑雪旅程，便是一场净化心灵的旅程，可以抛却所有的烦恼与忧愁，让人只想在滑雪场上找到最本真的自我。

　　站在山顶，太浩湖周边的景色便映入眼帘，看那一抹纯白，还有那一缕湛蓝，每一种颜色都是纯净透明的，没有一丝一毫的杂质。滑雪道旁边林立着数不清的劲松，它们迎着冰雪，坚强地挺立在那儿，从它们的骨子里散发出一种傲雪的情怀，便是这种精神感染支撑着人们，让人们有勇气去征服太浩湖的一切。最惬意的事莫过于滑雪，还能欣赏到周围的美景。将这一切美好拥入怀中，你会发现，在太浩湖滑雪不是一种极限挑战，而是一种令人无法自拔的完美运动。

　　傍晚时分，看天空中已经羞红了脸庞的云朵，夕阳的余晖映照在纯洁的白雪之上，零

翡翠湾州立公园因太浩湖而出名

星散布在地面上的金色光芒让人沉醉其中。伴随着这般惬意与美好，便可以开始滑雪之旅了，只要出发，便是义无反顾。享受极陡的坡度带来的刺激与快感，享受飞舞的白雪在嘴中融化后留下的一丝甜味，享受夕阳的美好给人带来的舒适与静谧，此时此刻，即便是心中有再多的忧愁，都可以毫无顾忌地抛到脑后。凝视太浩湖水晶般的湖面，那里便是终点。

太浩湖边的每一次滑雪旅程都是一次净化心灵的旅程，看着这静谧与纯白的美好世界，让人无法去抱怨生活中的不美好。滑雪旅程结束之后你会发现，自己也可以做到心无杂念，以一颗平常的心去欣赏这如梦似幻的美景，在这些美景中沉淀自己、升华自己、净化自己，愿内心也可以像这冰雪般纯净，像这湖水般透明。

温馨提示

1. 冬天积雪较多，路面结冰，去翡翠湾州立公园的时候一定要注意安全，以免滑倒摔伤。
2. 想去太浩湖滑雪，不需要门票，只需购买65美元的缆车票即可。

086

霍萨国家公园

与冰雪起舞

千里冰封，万里雪飘。在这里，可以见到最美的极光；在这里，可以体验最原始的民族风情。让我们一起走进芬兰霍萨国家公园，与冰雪来一次完美的邂逅。

关键词：冰雪世界、神秘梦幻　　国别：芬兰　　位置：霍萨地区

都说芬兰的霍萨国家公园是让女人毫无抵抗力的人间仙境，其实面对这种美景，无论是谁都会臣服于它的美丽之下。霍萨国家公园就像是一个冰美人，以它冰雪般的气质吸引着世界各国的游客，只要能一睹它的芳容，一切的付出都是值得的。

芬兰的冬天就像是沉溺在童话世界一般，而霍萨国家公园就是这童话世界中最绚丽夺目的一座城堡，每一个人都被它的神奇与美妙所折服。冬季，一定要在芬兰来一次滑雪旅行，在这里滑雪，已经超越了自我的挑战，升华为一种与霍萨国家公园的唯美邂逅。这里的滑雪项目非常多，无论是花样滑雪、下坡滑雪，都是每一个来霍萨国家公园的人必须体验的项目。

最让人痴迷的是霍萨地区冬季从不停歇的雪，一边滑雪，一边还能享受到漫天飞雪纷纷地撒在身上，就像是在一个曼妙的冰雪世界中跳一支探戈。这般天寒地冻的冰雪世界，想必也只有滑雪的激情和霍萨国家公园的美景才能够将其融化，想必在这满是积雪的公园中，来一场越野式的滑雪也是非常美妙的。徜徉在积雪的世界之中，看从身边呼啸而过的飞雪与冷风，如果不是身临其境，又怎么能知道这其中的惊险与刺激。

当然，来到了芬兰，仅仅滑雪是远远不够的，还应该享受一下绝无仅有的狗拉雪橇。看8条因纽特犬在前面快速地奔驰，人们只需要张开手臂，迎接旅程中的寒风，看那鹅毛般的大雪轻轻地落在指间，就像一个慵懒的小天使，在指间上摩挲。芬兰的滑雪旅行就像是一场冰雪奇缘，在这里，可以体验人生中最惬意的事情，在这厚重的积雪之上，看滑雪板掠过的一条条痕迹，随着舞动的飞雪慢慢地消失在视野之中。

或许就在回眸的一瞬间，就会爱上这个冰雪的世界；或许就是那样不经意地一瞥，便能窥探到这外表冷酷的霍萨国家公园热血沸腾的内心。在这个千里冰封、万里飘雪的世界中，总是能够享受到滑雪带来的惬意与美好。这里不仅冰雪让人留恋，更有生平难

到了芬兰，滑雪一定不要错过

得一见的极光在芬兰的天空勾勒出一条条美丽的弧线。

芬兰总是能让人感受到极强的幸福感，一起走进这个神秘梦幻的霍萨国家公园，在这个童话般的世界里来一次永生难忘的人生之旅，让这里的冰雪世界，定格为记忆中的永恒。

> **温馨提示**
>
> ❶ 最佳的滑雪时间是每年的 11 月至次年的 4 月。
> ❷ 不仅滑雪，萨米人的驯鹿雪橇、最原始而正宗的桑拿浴以及大名鼎鼎的狗拉雪橇等都是不可错过的项目。

087

拉普兰德
与圣诞老人邂逅

星罗棋布的湖泊、银装素裹的大地、淳朴而奇特的萨米人、五彩斑斓的北极光、笑容满面的圣诞老人、飞奔的驯鹿雪橇、不落的壮美红日……绝代芳华、出尘脱俗，这就是拉普兰德。

关键词：圣诞老人、驯鹿、雪橇、极昼、极夜

国别：芬兰
位置：挪威、瑞典、芬兰的北部，北极圈以内

小时候，看到戴着红色软帽、穿着红色棉袍、留着一把雪白大胡子的圣诞老人，孩子们总会两眼冒光；长大了，再次邂逅圣诞老人，总以为那不过是一个善意的谎言。然而，当拉普兰德这个名字在生命中出现时才知道，原来这个世界上真的有拉雪橇的驯鹿，真的有圣诞老人，真的有天边不泯星辰。

夜晚的灯光笼罩在雪上，如梦似幻

因为有3/4的土地在北极圈之内，拉普兰德的冬天寒冷而漫长，每年10月至次年5月，拉普兰德人都与冰雪为伴。走进拉普兰德，才会真正明白什么是不染纤尘。晶莹的冰雪就像是最完美的艺术品，美得令人窒息，美得让人不敢去亵渎。

坐着驯鹿拉的雪橇，你可以放飞心中所有的激情，在这片天然、狂野又奇美的土地上撒欢儿。一路上，能看到一望无垠的旷野，能看到郁郁葱葱的丛林，能看到偶尔从冬眠中醒来的小动物，更能看到潺潺的河流和矮个子、棕皮肤的萨米人。

⦿ 驯鹿是拉普兰德的交通工具

不要怀疑自己的眼睛，坐在奔驰的雪橇上畅游的便是仙境！

当然，若是温柔的驯鹿，缓缓行走的雪橇不能让你心中的热血沸腾，你也可以跳下来穿上冰鞋秀一秀自己的冰上功夫。拉普拉德的很多地方是天然的滑雪场，任何时候任何地点都能滑上两圈。

每年11月过后，拉普兰德会进入极夜。望着满天不灭的星光，牵着爱侣的手，在冰雪女王的见证下去探访被北极圈穿过的圣诞老人村着实是很奇妙的选择。当然，若是不愿意，也可以在6月过来，那个时候，进入极昼的拉普兰德就是天边最炫美的明珠。午夜时分，脚踩滑雪板，顶着不落的冉冉红日，从高地疾速下冲，那种刺激，那种绝美，难以言喻。若是童心泛滥，也可以调皮地换上一套圣诞老人的红衣，说不定，你纵横雪夜的英姿就会成为一个孩子最美丽的梦境。

作为"欧洲最后一块原始保留区"，拉普兰德的纯净举世惊叹，能够邂逅它本就是一种幸福，若是能在玉洁的白雪中留下属于自己的足迹，那将此生无憾。

温馨提示

❶ 圣诞展览馆全年开放，但拉普兰德是极地气候，若是带孩子过来一定要注意保暖。

❷ 冬季，欧纳斯山滑雪中心举行国际大型赛事的时候会选择性地封闭一些区域，游客要随时注意滑雪中心的通知。

088

格陵兰

狗拉雪橇极地狂奔

关键词：雪橇胜地、北极光　　国别：丹麦
位置：格陵兰岛上

掬一捧格陵兰冬日最温醇的阳光，悠闲地躺在木质的雪橇上，任夹杂着雪花的清风自额前掠过，已分不清耳畔是飞雪声还是风声，隐隐约约间，嘈杂远去，七彩的极光却湿润了眼帘……

初冬时节，踩着深红的枫叶，乘上北去的航班，到格陵兰去追寻一次阳光下的欢乐之旅，的确是一个绝妙的选择。

澄澈的蓝天，温醇的阳光，悠悠的白云，略带湿潮的空气，白得不染纤尘的雪，蠢萌的哈士奇，色彩缤纷的木屋，晶莹剔透的冰房子，一切的一切在不经意间已经构成了一幅真实的令人感动的画卷。

轻轻地掬一捧格陵兰镀着阳光的白雪，洗去满脸的风尘，带着重生般的雀跃打量周围的一切，让人无法将它和古远、荒蛮联系在一起。和拉普兰德一样，格陵兰也是世界知名的雪橇胜地。每年会有许多怀揣着渴望与好奇的滑雪者在某个飘雪的黄昏在格陵兰相遇。

相比于阿拉斯加州，萌萌的哈士奇在格陵兰似乎更受宠爱。清晨，当天边的晨曦渐渐散去，哈士奇们就已经整装待发。雪橇是木质的，造型很奇特，制作也相当精良，根据勇敢程度，因纽特人会为你选择不同的行走路线。

坐在雪橇上，抬眼望去，险峻奇秀的雪山依旧遥不可及，但身边的雪景却如幻灯片般缓缓地播放着一个又一个美丽的片段。一望无际的纯白中偶尔会出现一抹盎然的新绿。远处，极具北欧风情的村庄中炊烟袅袅，五颜六色的屋顶在阳光下勾勒出最纯美的梦幻。凛冽的

躺在木质的雪橇上，体味不一样的交通方式

颜色鲜艳的小木屋点缀在皑皑白雪中，给冰冷抹上一丝暖色

寒风时不时地透过围巾和脸蛋来一次亲密接触，走累了，哈士奇也会趴下来撒娇耍赖求安慰。

若是运气极佳，还能看到北极光，漫天遍地地渲染，淡玫瑰色和淡绿色为主色调的光幕铺满天穹，熠熠的星辉令人难忘。这个时候，站起身来，发出一声吆喝，轻轻抖动一下长鞭，哈士奇们就像是收到了某种信号一般瞬间撒腿狂奔。风声被遗落在身后，溅起的雪花迷蒙了双眼，那一刻，心脏仿佛要跳出胸腔，速度与激情的魅力得到了最完美的绽放。那种无拘无束，那种精彩刺激，唯有一声长啸能够应和。

当然，若是不喜欢坐雪橇，格陵兰岛上也有不少野雪坡，穿戴好滑雪装备，从坡顶一路向下，还会在不经意间勾勒出"S"形的弧线，一不小心还可能和微型的小雪崩来次亲密接触。摔倒了，别担心，凉凉的雪花会让你感觉到另一种源自灵魂的惬意。

滑完雪，若还精力满满，可以跟着因纽特人一起去破冰，一起去冰海垂钓，一起去荒野探险……在格陵兰，没有体验不到的精彩，只有不敢去体验的刺激。或许没去体验会觉得遗憾，但体验之后绝对不会后悔。

温馨提示

❶ 伊卢利萨特冰峡湾是格陵兰岛风景最好的地方之一，但地形复杂、周围情况多变，独自行走很可能遭遇危险，最好邀请因纽特向导一起去。

❷ 进入因纽特村要入乡随俗，注意礼貌。

089

瓦尔迪兹

体验垂直降落的快感

关键词：冰川、垂直速降
国别：美国
位置：阿拉斯加州

每一座城都是一首诗，每一首诗都有自己独一无二的风华。瓦尔迪兹是一座古城，更是一首古诗，饱含着寒冰凝雪的笔墨，镌刻着雪域绝巅的风情。

没到过瓦尔迪兹的人，无法知道瓦尔迪兹真正的风情是什么；到过瓦尔迪兹的人，很容易在瓦尔迪兹的风情中迷失。这座曾经见证了美洲无限繁华又因地震而殒殁的古城，本身就是一个谜，解谜的人很多，一千个人就有一千种答案，却没有人敢说自己得到的就是谜底。

◎ 闪耀着淡蓝色光芒的冰川，让人以为误入了童话世界

疯狂的滑雪爱好者

走进瓦尔迪兹，汤普森隘口是不得不逾越的天堑。驾车前行，壮美的山川，幽深的峡谷，闪着淡蓝色光芒的冰川，绝美的冰舌，神奇的角峰、针峰、冰斗，总让人有一种误入仙境的错觉。

楚加奇山脉是瓦尔迪兹温柔的母亲，她伸展双臂将自己的孩子温柔地搂进怀中，让他不被风吹，不被日晒。温和的气候让这座冰天雪地中的小城别有一种暖人的浪漫，参天的温带雨林好似最华美的绿色丝带，让"阿拉斯加的小瑞士"蒙上了一层盈盈的春意。

作为美国北部最北方的不冻港，瓦尔迪兹的风景别具一格。阳光融融的时候，乘着快艇，在雾气将散未散的时候出海去看冰川委实是一种享受。瓦尔迪兹附近能观赏的冰川有五座，最壮美的要数哥伦比亚冰川。在天空的映衬下，整座冰川呈现出一种剔透得让人心醉的蓝，站在冰川脚下，一股亲近与敬畏交织在一起的情感不知不觉便油然而生。脚下踩着攀冰鞋，却突然没有了攀爬的兴趣。这样的美景实在是不容亵渎。冰川的蓝、天空的蓝、海水的蓝，层次分明却又以一种独特的方式互相浸染、互相交融，一点点、一丝丝地晕开，那种美丽，难以言喻。

来到瓦尔迪兹，即便什么都不做，也要去滑雪场走一圈。瓦尔迪兹滑雪场的垂直速降一直都是滑雪爱好者的梦想。穿戴好滑雪装备，站在山顶俯瞰整个瓦尔迪兹，整个威廉王

阿拉斯加州的门登霍尔冰川，像天上的星河一样，洒落凡间，璀璨夺目

　　子湾的美景尽收眼底。瞬间冲出时的倒错感让人忍不住尖叫，但近乎90°的高山雪坡却让所有的尖叫在发声前夭折。因为此时必须全神贯注，在速降中小心翼翼地注意路线，以防一不小心冲入岔道的沟壑中，因为死神也许就在那里等着和你跳贴面舞。滑行时动作不能太大，否则雪崩绝对会接踵而来。几十秒的时间就仿佛一辈子，每一秒都仿佛是在生死之间起舞。那种感觉岂是刺激两个字能够形容的？

　　瓦尔迪兹如诗，雪山高坡如梦，当滑雪板顺着梦与诗一路狂飙，时间便定格在了永恒，不是吗？

> **温馨提示**
>
> ❶ 最佳旅游时间是2月初到5月中旬。
>
> ❷ 门登霍尔冰川并不适合攀爬，附近有黑熊等野生动物出没，游览时最好不要独自一人。

第九章　冰雪奇缘

090

二世谷滑雪区

北海道的情书

关键词：粉雪　　国别：日本
位置：北海道札幌市

曾经，一部《情书》让整个世界都认识了"雪国"北海道。雪夜中独对满地落寞的渡边博子，青绿色的懵懂中交织的爱恋，都仿佛一瓣瓣樱花在空中飘落，落向大海、落向阳光、落向札幌，也落向二世谷。

不同于东京的繁华雍容，北海道从诞生的那一刻起便独树一帜，充满了浓浓的田园野趣。春天的樱花、夏天的合欢、秋天的红叶、冬天的雪，四季轮转、四种颜色、四种美丽交织，令人难忘。

第一次邂逅北海道的人，或许会迷茫不知所措，这个时候最明智的选择便是投入札幌冰雪雕刻出的秀色中。札幌是北海道最大的城市，也是日本降雪最多的城市，它不傍海却依山，有"小富士山"美誉的羊蹄山便是札幌最显眼的标志。

羊蹄山风景优美，状似羊蹄，纯白中带着一抹难以形容的圣洁，全球四大滑雪区之一的二世谷滑雪区就在羊蹄山高原上。整片滑雪区终年都被白雪覆盖，东山滑雪场、比罗夫滑雪场、安努普利国际滑雪场巍巍屹立，丰姿妖娆。

二世谷的雪，或者说札幌的雪在世界上都称得上是"美"的。每年冬天，一团团、一片片大而密的雪花若一蓬蓬柳絮一般簌簌地飘落，悄无声息，却美得纯净。札幌的雪很柔软，像面粉，酥软洁白，摔倒了也不会觉得疼。

初冬时节，带着爱人来二世

这里的雪是粉末雪，质地轻柔松散，滑起来格外轻快舒服

○ 滑雪者正停下脚步记录美丽的雪山

谷体验一把高坡滑雪真的很不错。二世谷滑雪场风景优美，各种滑雪设施完备，有着不同坡度、不同弯曲程度的滑道，能够满足滑雪爱好者的不同需求。

二世谷滑雪区中最大的滑雪场是比罗夫滑雪场。抬头，能看到远处的羊蹄山在晚霞的映衬下淡淡微笑；低头，能感到札幌金合欢的花香似乎犹在鼻尖萦绕。

安努普利国际滑雪场和比罗夫滑雪场毗邻，滑道旁边一排排整齐新绿的白桦树就是蓝天下最好的迎宾，它们轻声细语地述说着北海道的浪漫与深情。安努普利的滑道坡度非常缓，转弯与障碍也不多，非常适合怕摔跤的淑女。在雪花的呓语中，听着树之歌，轻轻滑动，这种感觉，真的很让人兴奋。

当然了，勇敢者永远都不是少数，东山则是勇者的天堂。纵切的滑道、多变的环境、陡陡的斜面，一切的一切，一眼望去便知道是为"高手"量身定做。

粉雪飞扬，滑板纵横，天边的日光金黄如昔，你看风景时，风景也在看你。假如你没有办法铭记，那么就让二世谷将你铭记吧。

温馨提示

❶ 最佳游览时间为每年2月。

❷ 札幌白色恋人公园中有专门的蒸汽小火车供儿童乘坐，孩子可以坐着火车像畅游仙境般游览整个公园，不过需要额外付费。

第九章 冰雪奇缘

229

091

丝绸之路国际滑雪场
纵情滑雪

关键词：天山雪景、滑雪
国别：中国
位置：新疆维吾尔自治区乌鲁木齐市

走进新疆，走进乌鲁木齐，才知道原来现实与想象之间竟然是云泥之别。缎带般白雪飞扬的丝绸之路上，平西梁的原始森林奏出的不是荒凉而是雄心。

　　或许许多人第一次听到丝绸之路是在历史课上，或许会对张骞和西域产生一种难以抑制的渴望。长大后，终于有了放飞自己的理由，于是一个人、一个包，就可以挥挥衣袖，踏上这片心仪已久的土地。
　　丝绸之路国际滑雪场的午后，碎金般的阳光将片片白雪照耀得仿佛水晶一般晶莹。

在广阔的群山之间滑行，疯狂又刺激

◎ 玩得不亦乐乎的滑雪者　　　　　　　　　◎ 坐在缆车上可以饱览雪山全景

坐在滑雪场边的咖啡厅中，静静地听着琴声悠扬，玻璃幕墙映着窗外或不断滑行、或翻滚而下、或拥雪而笑的身影，心中会突然有一种想入场的急切渴望。

租好滑雪装备，来到滑雪场中，满目尽是无垠的白，白色的山坡、白色的雪树、白色的雕塑、白色的滑板、白色的雪，未沾染一丝尘埃，洁净仿佛初生。恍惚间，竟不忍心挪动脚步。

不时会有风吹过，拂过面庞，细碎的雪絮有些凉，大胡子教练的身影在眼前一晃而过。踩着滑板，终于可以开始自己的第一次滑雪之旅了。丝绸之路国际滑雪场中一共有8条雪道，难度不一，分初、中、高3个等级。对初学者来说，300米的雪道分了20圈，简直就是"菜鸟"的天堂。

穿着滑雪服，踩着滑雪板，一边前进一边欣赏远山的风景是最绝妙的想法。不用极目远眺，天山原始森林的苍绿自然而然地映入眼帘，虬结的老树参天，一缕缕来自苍莽的芬芳在荡漾，白色与绿色在蓝天下交织，不用靠近，就会感觉像吃了冰棒一般爽快清凉。

磕磕绊绊地滑过雪之后，若余兴未尽还可以去骑马、坐狗拉雪橇，也可以登上观光缆车，用居高临下的姿态去欣赏一下天山山脉最纯粹的雨林美景。密林修竹，花开半夏，古老的榕树盘根错节，淙淙的河水似要流向远古，不知名的灌木舒展着风姿，啁啾的鸟儿梳理着羽毛，草叶上露珠将滴而未滴，满天的朝霞画出彩色的画卷。

当身体无法挣脱时，那就把灵魂放飞吧，旅游是放飞灵魂的最好方式，而丝路滑雪又是旅行的不二选择，不是吗？

温馨提示

❶ 从乌鲁木齐市黄河路中桥巴士车站乘坐巴士至水西沟镇，换乘雪场专线区间车直达滑雪场。

❷ 没风的时候，雪场比较暖和，紫外线有些强，注意佩戴好雪镜，做好防晒。

南极
勇敢者的游戏

白雪皑皑的俏丽冰原,海洋深处的纯美洞天,打着旋在风中飘落的雪花,呆萌的小企鹅,慵懒的大海豹,悠闲的深海鲸鱼,星罗棋布的冰川……这里就是南极。

关键词:极地滑雪、企鹅   位置:南纬66° 33'以南

自1911年挪威人阿蒙森经过长途跋涉踏上了南极的最南端——南极点开始,人类征服南极的热情便开始燃烧。有钱任性的富人可以乘坐着豪华的邮轮,一边谈天说地,一边用眼睛和摄影机记录下南极无垠的壮美,但这不是征服而只是路过。南极探险、极地滑雪,从来都只是勇敢者的游戏。

或许世界上雪花飞舞的地方很多,适合滑雪的地方也有很多很多,但我敢保证,绝对没有一个地方像南极这样纯粹、这样清淡、这样自然、这样不染纤尘。沐浴着冰风,挥舞着手臂,在南极滑行,空气中都充满着自由的气息。低空时不时会掠过一只觅食的海鸟,不经意间在某个巨大的冰川旁你就能邂逅一个小小的企鹅部落。没有马达加斯加那般的奇幻唯美,但每一次前进、每一次发现、每一个脚印都会让人感到由衷的惊喜。

在雪地上扎营,风雪中孤守摇摇欲坠的帐篷,一个简单的睡袋便是全部。从南极圈

呆萌的企鹅很是讨人喜欢   在雪地上扎营绝对是勇敢者的尝试

◎ 水面上浮冰无数，穿越南极海峡，是一件既惊险又刺激的事情

往南，一路横跨二十多个纬度，勇敢的人能依靠的就只有自己。一副滑雪板、一套滑雪服就是全部。

当然，横跨南极圈不是每个人都能完成的壮举，想要挑战极限的勇士也完全没必要自己走完全程，坐飞机、坐轮船来到南纬89°的位置，然后全副武装，用尽全力去征服最后一个纬度。风在耳边疾驰，雪花在身边飘扬，高海拔、高纬度让人难免有些窒息，马上要登临南极点的兴奋更让人忍不住发抖。看着白雪一点点在眼前分开，看着一条条雪线在身后蜿蜒，看着不远处南极点的标牌，滑板未停，心便已经醉了。

人这一辈子终归是要进行一次冒险的，假如可以选择，在冰雪的见证下踏上南极之巅无疑是最美好的选择。

温馨提示

① 南极气候非常寒冷，不管去什么地方都要注意防寒，手套不离手，面部也不要长时间裸露在外。

② 观看鲸鱼的时候要注意安全。给企鹅、海豹拍照的时候不要靠太近，否则会吓到它们。

③ 在南极要特别注意保护环境。

第九章 冰雪奇缘

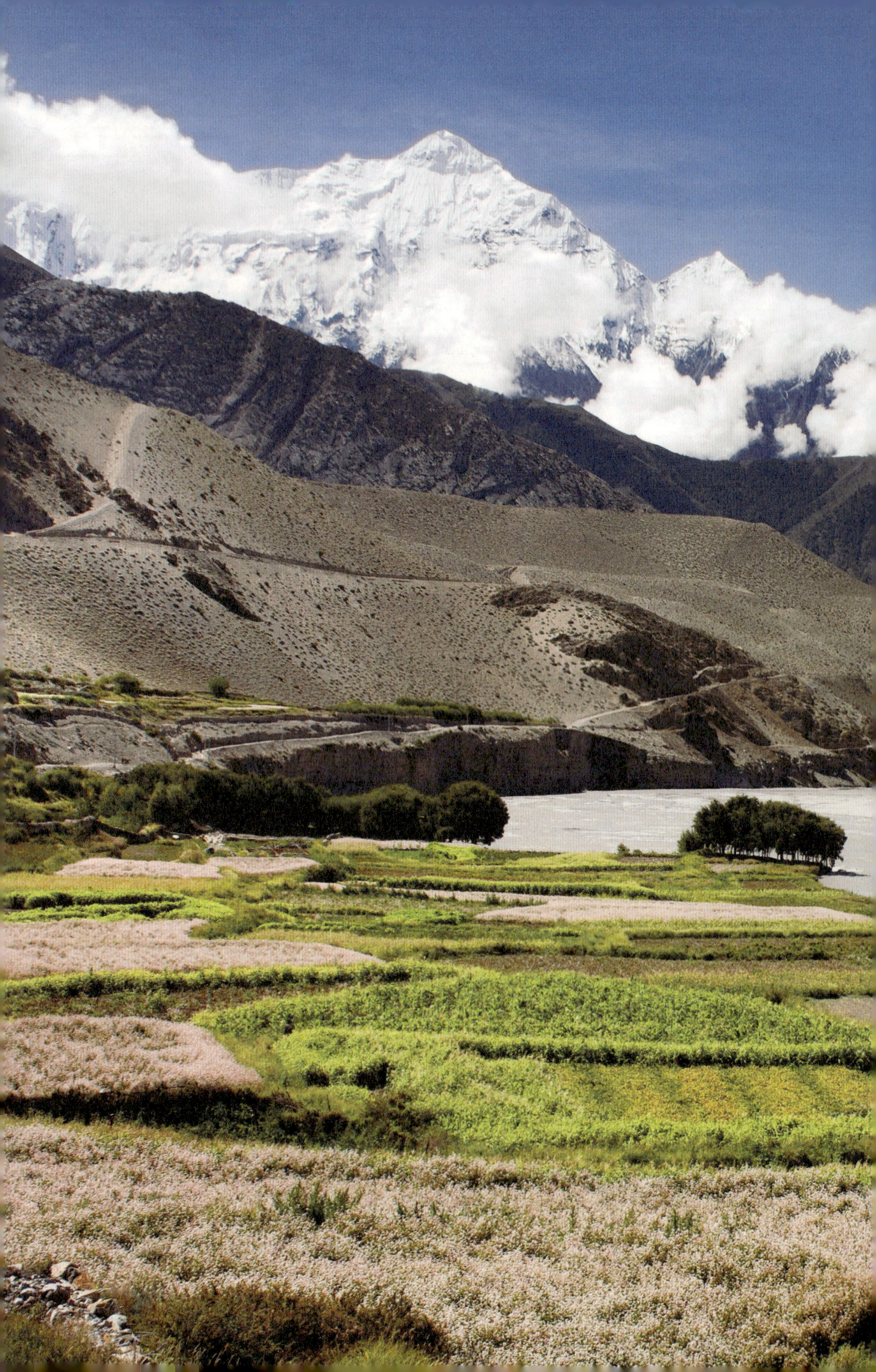

第十章

环球徒步

迈着轻松欢快的步伐，
演绎来来回回的篇章。
用脚步丈量每一寸大地，
用心去拥抱环球的景色，
走在最唯美的国度，
享受徒步的快乐。
不习惯快节奏，
只想放缓脚步，
沉浸在山河之中，
那就走进神秘浪漫的国度，
成就一个儿时的梦。

安奈普尔纳
雪山之下的大环线

什么是真正的旅行呢？不是看到、走过，而是接触过、感悟过、了解过、深入过。每一个地方都有属于自己的故事，徒步是最好的旅行方式，而尼泊尔恰恰正是徒步者的天堂。

关键词：大环线、雪山、托隆山口
国别：尼泊尔
位置：博卡拉城附近

邂逅尼泊尔之前，对它的印象就是喜马拉雅山脚下的一个"小不点"国家，稍不留意就会将它从地图上忽略掉；邂逅尼泊尔之后，便觉得，这个世界上根本就没有任何语言能够形容它的美丽，更没有任何词汇能够描述它的优雅，一如安奈普尔纳。虽然曾经的大地震摧毁了一些建筑，但是在震后迅速重建的它依然不输昔日的美丽，对旅行没有任何影响。

在任何时候、从任何角度都可以感受到尼泊尔度假胜地费瓦湖的宁静

想要欣赏雪山的美景,不得不到纳加阔特小村庄中的观景台上

　　位于尼泊尔中北部的安奈普尔纳是徒步者心目中不朽的胜地。这里山峰林立,草场茂密,世界第十峰安奈普尔纳峰巍然屹立,直插云天的峻拔仿佛在向世界昭告着这片土地的宁静、纯美与安逸。

　　安奈普尔纳大环线的起始点是博卡拉城,终点也是博卡拉城,不同的是从东到西,旅友们在山峰间、草场上、高山雪地上留下了太多太多的足迹。一步步地走,或许许多人都无法理解,但事实上,只有经过足尖的过滤,留给眼睛的才是最纯美的风景。

　　风景是什么呢?一根草、一朵花、一座房子、一块石头、一条飘扬的彩带、一个隐藏在油菜花香中的尼泊尔村庄。风景无处不在。

　　海拔800米的博卡拉已经高得令人觉得不可思议,但它也只是起点。伴着晨曦,一路向前,也一路向上,海拔在不断地升高,风景也随着海拔的变化而不断地变换。茂盛苍绿的阔叶林渐渐变成了青绿的灌木丛,再变成黄绿色的草甸,茫茫的草甸、高低不一的荒草,没有风吹草低见牛羊的诗意,却别有一种荒凉如烟的美丽。恍惚间,绿色已经成为一种奢望,满眼见到的都是稀稀疏疏不知名的黄草,偶尔见到几抹绿意,却不是草色而是青苔。青苔的翠色中,藏族风情浓厚的皮桑本村似乎也遥遥在望。然而,转身的一瞬间却陡然发现,原来已经到了托隆山口。

　　雪山之巅,冰雪在阳光下散发着一种淡淡的幽蓝,盎然的绿意只属于天边的飞鸟。跨过这个海拔5416米的山口,徒步之旅便走完了一半,翻过山口,便是回程。一路向下,

第十章　环球徒步

三五好友徒步在山巅之上

植被依旧变化着，却绝不重复。凄美的草甸、绿翡翠般的高山湖、干热的河谷、人迹罕至的荒漠，都美得令人窒息。

　　山中之旅，每一步都是对自我的超越。跃动的风景相伴，不泯的风华萦绕，一路走一路醉，这样的日子，想不心动都难。

温馨提示

❶ 在旅行的途中要多准备一些小额纸币，便于在沿途购买物品时付款。

❷ 爬山的时候最好穿旧鞋，更加便于长途跋涉。

094

苏格兰高地
不协调中的优雅跋涉

关键词：原始荒野、崎岖的山峦
国别：英国
位置：大不列颠岛西北部

风中独自憔悴的废弃城堡，一望无边的莽莽荒原，清丽得如蓝水晶般的湖泊，忧郁地吹着风笛的本尼韦斯山……神秘狂野的苏格兰高地从来都不缺乏令人疯狂的魅力，用心去触摸，它会带给你不一样的惊喜。

曾经，悠闲地坐在酒吧中品品威士忌，装一装牛仔，是英国迷们最热衷的事情。但现在，小资式的浪漫已经到处泛滥，威士忌已无法放飞灵魂，爱丁堡、天空岛、白金汉宫也不再是唯一的希冀。相反，古老苍茫、历经沧桑的苏格兰高地却仿佛是一位有着悠久历史传承的贵族一般吸引着世界的目光，苏格兰高地徒步也成了无数户外探险者眼中最刺激的运动。

有人说，苏格兰高地是欧洲最优美的地方。没错，苏格兰高地的确是英伦半岛上最

苏格兰高地上梦幻般的湖泊、瑰丽的荒原、色彩纷呈的山峰、星星点点的花儿让人惊叹不已

亮丽的风景线。从格拉斯哥市近郊的米尔盖出发，一路上精致的湖泊、被嶙峋巨石覆盖的原始荒野、秀美而崎岖的山峦总是让人充满了遐想。

当你还为左手拥抱苍莽丛林、清泉绿水，右手拿捏嶙峋怪石、崇山峻岭而沾沾自喜的时候，圆锥形的希尔山就在不经意间将你的视线整体拉低，山那边澄碧如镜、波光粼粼的洛蒙德湖就像是落入凡间的瑶池，在邂逅它的刹那，整个灵魂都有一种被升华的舒适感。古灵精怪的红松鼠就站在湖边的树上饶有兴致地打量着疲惫的徒步客。若此时一条有着橙红色眼睛的毒蛇从草丛里蹿出，野外烧烤之旅就会瞬间变成绝地大逃亡。最后，用烤肉贿赂走了不速之客，人们只能在胆战心惊中继续上路。

恍恍惚惚间走出草丛，格伦科大峡谷秀美清奇的气质又会吸引住众人的目光。站在峡谷中，仰望山巅，看疏影横斜，看流云缥缈，突然觉得一辈子常居于此也是一种幸福。只不过利文湖的潋滟水光却在远方不断地发出呼唤，本尼韦斯山巅皑皑的白雪也唱起了呼唤之歌。

高低起伏间不断地跋涉，就像是一段高低音夹杂的曲谱，或许不太好听，但旋律却独特得令人迷醉。身边的风景都被抛在身后，唯一的原因就是前方的景致更加壮美。威廉要

徒步者在饱览美景

塞是苏格兰高地徒步之旅的终点站，也是苏格兰最美丽的门户。夕阳西下，站在要塞的城堡边，看着开往"霍格沃茨"的"魔法"专列轰鸣而过，那一刻，即便只是挥挥手，不带走一片阳光，也觉得值得。

◉ 充满活力的苏格兰国家画廊

> **温馨提示**
>
> ❶ 苏格兰高地属于海洋性气候，冬季比较寒冷，要注意做好防寒保暖工作。最佳游览时间为夏季。
> ❷ 苏格兰高地有很多地方属于"三无地区"，即无人、无车、无手机信号，所以要提前做好出行准备。

◉ 漫山遍野的鲜花展示了苏格兰高地的浪漫情怀

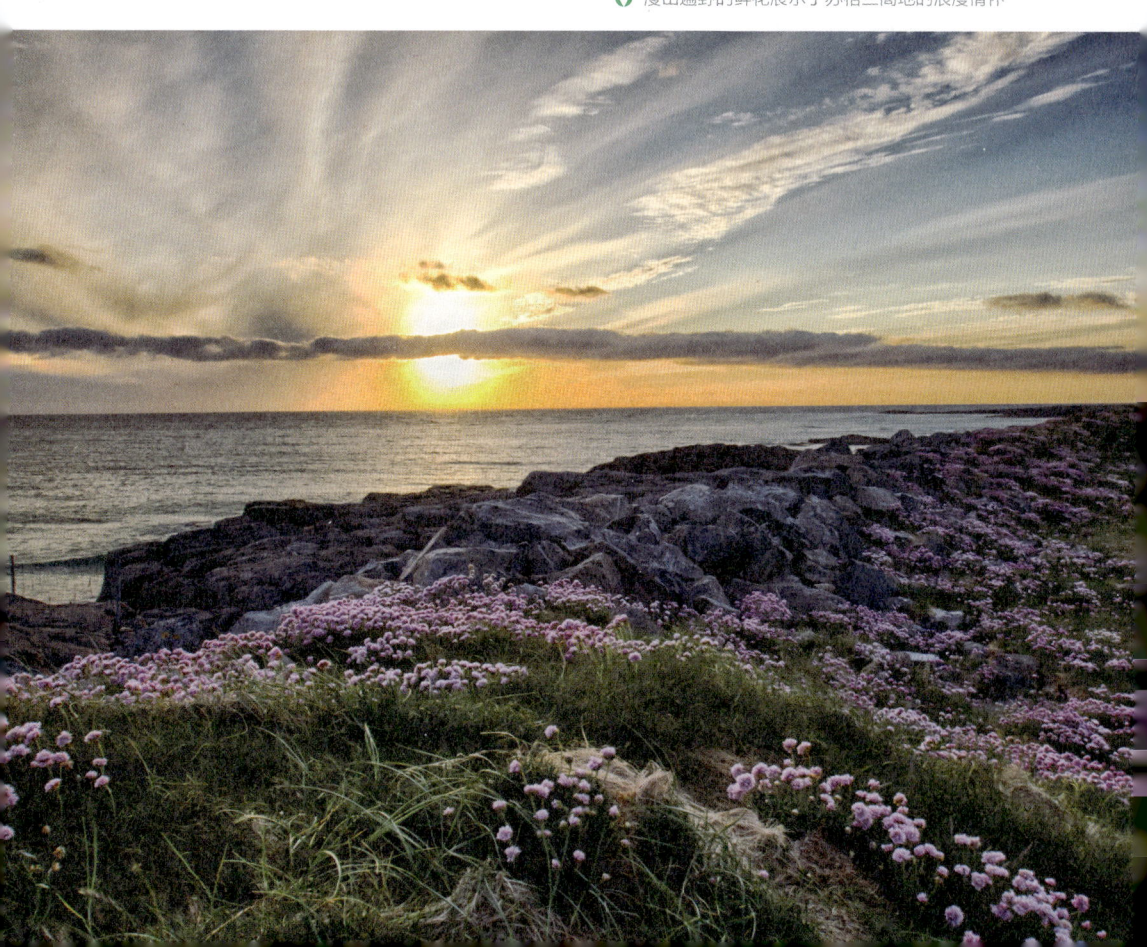

塔拉曼卡山脉

梦幻森林中的远足

关键词：远古森林、辽阔的草场
国别：哥斯达黎加、巴拿马
位置：跨哥斯达黎加和巴拿马国界

微醺的海风、广袤的丛林、翩跹的金雕、闹珊夜色下的灯火……哥斯达黎加的符号太多，风景也太多，然而，再绚烂、再烂漫的景色，在它的面前也都会黯然失色，它就是塔拉曼卡。

　　或许和喜马拉雅、阿尔卑斯这样声名显赫的山脉相比，位处美洲中部的塔拉曼卡默默无闻，然而，特殊的地理位置，独特的海洋气候，独一无二的第四纪冰川遗迹却让人忍不住去向往、去追寻。

　　奇里波国家公园是塔拉曼卡山脉风景最优美的地方，也是长距离远足徒步爱好者们最憧憬的天堂。梦幻般不断变换着的多彩天空、突然闯入眼帘的静美田园风光，都让人耳目一新。背着重重的徒步包，踩着沉沉的防雨鞋，走在撒满了厚厚落叶的塔拉曼卡远古森林中，绝美的景色瞬间便将疲劳融化得无影无踪。

　　森林中枝叶横斜，星星点点的阳光透过叶子间的缝隙洒下，草叶上颤巍巍的露珠不经意间就套上了斑斓的彩装。遮天蔽日的树冠仿佛是人造降雨机，人们一个不留神就会在它的"偷袭"下成为落汤鸡。氤氲着树叶香气的林间小路不知道被多少人走过，但却从来没有人能够在这里留下永恒的足迹，落叶是最好的清洁工，一层层、一片片，炫舞空中，美

破旧的木质栈道，通往的却是最美的风景

徒步在奇里波国家公园，绝美的景色瞬间便将疲劳融化得无影无踪

丽而苍凉。

　　走累了，可以在挂满了青苔的矮树旁稍稍小憩，支起帐篷也没有问题；柔柔的嫩草就是大自然恩赐的最好的坐垫；绿咬鹃的歌声很容易让人萌生睡意，若是有幸，或许还能看到大哈佩雕矫健的身影；重新站起来，整整衣服，再次用脚尖与塔拉曼卡来一次零距离的亲密接触，你会发现成群结队的蜂鸟或许才是最佳的旅伴。

　　穿过梦幻般的热带雨林，继续向前，辽阔的草场绝对会让你惊艳，回眸望去，森林已经隐藏进环山的云雾中，但那绮丽的风光却一丝都不曾消散。奇里波峰山巅是徒步的最关键转折点，站在山上，你能俯瞰的不仅是森林和草场，加勒比海岸如雪的波涛、太平洋蔚蓝如玉的妖娆都是记忆中最值得回味的风景。

　　为什么要徒步呢？感受自然最真实的纯美。哪怕前方等待着的不是最美好的，但一步一个脚印走过去的这个过程已经是一种幸福，不是吗？

温馨提示

❶ 塔拉曼卡山脉中有很多小动物，对小动物过敏的人，进去时要做好防过敏的准备。

❷ 塔拉曼卡山脉气候比较潮湿，地上经常长有密密麻麻的苔藓，注意防滑。

096

巴塔哥尼亚
用脚步拥抱智利

关键词：冰与火
国别：阿根廷、智利
位置：安第斯山脉以东，科罗拉多河以南

想象中的智利，应该是妩媚、晶莹、仿佛曼陀罗花般在暗夜中悠然绽放的国度；但当踩着须芒草，漫步在苍劲挺拔的密林中，听着兀鹰的叫声时，智利和唯美就瞬间画上了等号。

地处美洲大陆最南端的智利是追梦者的最爱，"圣城"圣地亚哥、沙漠阿塔卡玛在火山霜天中谱写着最灿烂的天涯之歌。雪峰与火山，森林与冰川，极端相反的两种风景在这片土地上完美地交织，用一种奇异的方式编织着令人惊叹的梦幻。

◎ 迫不及待去看美景的徒步者

远方草地上的原驼非常可爱

巴塔哥尼亚在智利是个很特别的地方，它毗邻安第斯山脉，依偎着大西洋，背靠着火地岛，仿佛是众星齐捧的一弯新月，照亮了整个麦哲伦海峡。若是能化身为飞鸟飞临巴塔哥尼亚的上空，就会发现这片让无数人魂牵梦萦的土地竟然酷似一只大脚丫，大概，这也是它被徒步爱好者们喜爱的原因之一。

托雷斯德尔潘恩国家公园的"W"路线是智利最好的徒步路线。顺着蜿蜒的林中小道上上下下走一遭，用脚印画一个"W"也着实是一件值得炫耀的事情。虽然秋天的落叶、冬天的飞雪也很漂亮，但考虑到巴塔哥尼亚与南极难以想象的亲密，徒步的时间最好还是选在山花烂漫的春季。

走进托雷斯德尔潘恩国家公园，茂密的原始森林会让人们有一种误入亚马孙的错觉，但当安第斯山脉蓝白交辉的峻拔群峰映入眼帘时，才知道这里就是智利！一步一步地不断深入，身边的风景也不断变换。清晨，小湖边的假山毛榉还是人们最亲密的伙伴；傍晚的时候，麦哲伦苔原上低矮的灌木、荒凉的草甸就已经让人们不得不感叹大自然的神奇。原驼、兀鹰、灰狐随处可见；偶尔红狐也会出来秀一秀自己漂亮的皮毛；黑天鹅是娇贵的公主，想要见到它不经过长途跋涉是不可能的。

白色的岩蔷薇是旅途上最温馨的风景，走累了，疲倦了，可以慵懒地在花丛中伸个懒腰，回味一下风轻云淡的感觉。越走越远，路边的黄杨就变成了蕨草，绿色也渐渐被

山峰环绕着翡翠般的湖泊，美得让人不想离去

　　黄色所取代，再往前，阳光照耀下的巨大冰川令人豁然开朗。火地岛的火山似乎也近在眼前。冰与火在这一刻竟是如此和谐，和谐得让人忍不住用相机去记录。

　　芳菲落尽，星辉满天，军绿的帐篷边，人们额头的汗水还未散去，心中却充满着感动，为大自然的神奇而感动，为冰与火的碰撞而感动。一步一步前行，人们毕生所追求的，也不过如此。

温馨提示

① 最佳游览时间为夏季、冬季。

② 巴塔哥尼亚地区的气候条件十分恶劣，来之前要做好心理准备。

雷恩施泰克

德国最美徒步路线

关键词：古堡、山谷	国别：德国
	位置：图林根州爱森纳赫市

一丛丛的矢车菊，一片片的灌木林，一栋栋幽深又优雅的古堡，一个个祥和而宁静的村落，一湾湾如水晶般的流泉，一缕缕氤氲在花木间的温馨，这就是雷恩施泰克一个童话般的地方。

一个人一生中能去几个地方呢？ 没有答案。一个太遗憾，一万个太匆忙，一百个则刚刚好。一年两个，五十年，一辈子。那么，去哪里？当可供选择的范围被认定为全世界的时候，一百个名额显然有些难以抉择。但相信我，如果错过了雷恩施泰克，你绝对

爱森纳赫市的瓦尔特古堡始建于 1067 年，是德国最具日耳曼风情的古堡

彩色的建筑让这里充满童话气息　　　　　　　爱森纳赫市中心的古典建筑

会后悔。

　　雷恩施泰克登山道是德国最美的徒步路线，花一周的时间用脚步拥抱自然的体验会让人终生难忘。

　　图林根森林的风景异常壮美，青山、白云、绿水、蛙鸣、月光无时无刻不在释放着温暖。徒步中常见的危险在这里被降到了最低，哪怕是孤身一人没有向导，也不会迷失在雷恩施泰克。如果真的要用一个词来概括这次徒步，就是温馨。

　　沿途的风景没有多大的变化，"调色盘"中的色彩也不够丰富，绿色、蓝色、白色，再加上一点淡淡的金色似乎便是这里所有的色彩了。然而，一处处别样的风景却足以让你在时间的流岚边驻足：路德故居的黄房子，橡树依旧婆娑，瓦尔特古堡就是阿尔卑斯女神脖子上最美丽的琥珀。穿过古色古香的山涧木桥，带着浓郁罗马风情的中世纪古堡赫然在目。站在城堡高高的城垛上，图林根森林最大的作用便是反衬城堡的巍峨。

　　穿过森林，最耀眼的不是爱之栎树，而是长满了淡蓝色矢车菊的山谷。山谷不大，绿水潺潺，平静的小池塘边种着几棵不知名的小树，草青色的果实萦绕着最美丽的梦。山谷深处，没有篱笆，却有村落，是传统的德国小村庄。徒步一周，这样的村庄能够看到不少，露宿或借宿都是不错的选择，你会发现，严肃认真的德国人也很好客。

　　深秋红叶落，欧洲栗子黄，一辈子一百个地方的承诺，雷恩施泰克将是最值得追忆的那一个。

温馨提示

❶ 雷恩施泰克最好的徒步时间是每年的5月至8月。

❷ 雷恩施泰克登山道中溪流比较多，尽量选择防水登山鞋和防水登山服。

098

米尔福德步道

跨越世纪的美景

斑驳光影中潋滟的湖光，晴朗蓝天上舞动的白云，平和中带着几缕妖冶的灰岩。走进米尔福德，你很难想象，这样一个辽阔的峡湾会是新西兰的宝地。

关键词：桦树林、悬索桥、雕冰山谷
国别：新西兰
位置：米尔福德峡湾国家公园

米尔福德这个名字对许多人来说会有些陌生，提到新西兰，人们印象更深刻的一定是惠灵顿、皇后镇、奥克兰、基督城或者丹尼丁。不是所有人都有另辟蹊径的勇气，然而，有的时候，走上一条他人不熟悉的路才能发现世外桃源。

蒂阿瑙小镇是旅途的起点，也是米尔福德步道的终点，在这片与南阿尔卑斯山脉相亲相爱的土地上，你能体会到让肺舒爽的感觉，空气纯净得仿佛经过过滤并加湿了一般。方圆百里的蒂阿瑙湖就仿佛是一块剔透的天然琥珀静静地镶嵌在笔挺而悠扬的桦树林边，虽然默默无言，但湖边蒸腾的水雾、远山朦胧的雾霭却无一不在见证着它的绝美。

瀑布汹涌而下，溅起层层水雾，似花朵般盛开在平静的湖面上

静止的蒂阿瑙湖美则美矣，却缺少了一种盎然生机，雪山脚下奔腾的溪流才是米尔福德最快乐的精灵。循着溪水一路向前，米尔福德峡湾赫然在目。翠色的涟漪、一线天般的峡谷都会让人陡然从宁静中脱离，进入一种兴奋的状态。乘船游览峡湾是个不错的选择，但徒步自然也有徒步的乐趣。静静地、一步一步地穿过树林，虽然有时候颇有一些望山跑死马的感觉，但当新的、意想不到的风景在眼前出现的时候，还是会忍不住惊喜不已。

放眼望去，湖水静美，群山绵亘不绝，美如画卷

除了澄澈的蒂阿瑙湖，悬索桥则是步道上第二个值得驻足的地方，若是你敢拨开路旁丛生的荆棘草，壮着胆子走上索桥有些摇晃的桥面，不用极目远眺，萨瑟兰瀑布银河般飞流直下的景象便会映入眼帘。虽然离得还很远，但也会有一种身临其境的清凉感。

当然，徒步的目的绝对不是遥望，去"U"形雕冰山谷追寻一下冰川时代的遗迹也是不容错过的项目。山谷冰雕玉琢，细碎的冰凌，五彩的冰柱，大大的冰块，每一处晶莹都是鬼斧神工，除了惊叹，别无其他。

漫步米尔福德步道是一种享受。5月阳光温暖时，背上背包走一遭，七彩的梦幻桃源便不再只是梦，而是真实的存在。

镜湖湖畔的小屋，是美丽风景的点睛之笔

温馨提示

❶ 每年的10月1日至次年的4月30日是步道官方开放的时间，虽然在开放季节结束之后也可以在这边旅行，但是一些网站不再提供订房服务，所以建议游客在开放季去旅行。

❷ 在步道开放时间内，有些步道会给游客提供煤气和灶具，但是游客必须自己携带睡袋和头灯。另外，有些步道没有冲水厕所，游客需要自带卫生纸。

099

不丹
探秘最幸福的国度

人这一辈子，不可能永远不睁眼，也不可能永远都不闭眼，所以，最理想的生活状态便是半睁半闭。当不丹出现时，才顿悟了这个道理，因为不丹便是生活中最斑斓迷人的梦境。

关键词：幸福的国度、徒步胜地
国别：不丹
位置：喜马拉雅山脉东段南坡，中国和印度之间

旅行并不是什么复杂的事情，有的时候，一首歌、一张画、一个故事就能让我们在无法抑制的冲动中上路。选择不丹，一千个人有一千种情结，但当真正和不丹相逢，一千个人却只有一种愿望，那就是了解这个幸福的国度。

比起那些早已经被游客绑架的地方，纤尘不染的不丹更像是真正的世外桃源。作为全球知名的十大徒步胜地之一，不丹是徒步者最憧憬的终极梦想。走下飞机，从背包中掏出徒步鞋的时候，心中还有着一丝丝的犹豫，但当真正从帕罗出发的时候，这些犹豫便都消失了。

远远看去，杜克耶堡的残垣断壁有些沧桑，克楚寺的金身佛像也因为缺少了缭绕的香火而别有一番清韵。一块块整齐的梯田就像是剪裁好了一般在山坡上延展，带着浓郁不丹风情的民房顶上那艳艳的红辣椒瞬间便将心中的热情全部点燃。

树木随着海拔的升高而不断减少，小路边那刻满经文的古老石墙似乎比蓝色的松树更有魅力，杰乐拉山口陡峭的山峰、巧致的湖泊和

不丹面具舞

第十章 环球徒步

251

○ 不丹，徒步者的天堂

　　不丹特有的红米饭似乎特别般配。脚腕有些酸疼，眼睛却兴致勃勃，草甸独有的草绿中竟会突兀地出现一头高山牦牛。当夜晚繁星点点的时候，点上篝火，狂欢一场，是不错的选择。

　　红瓦白墙的修道院色彩分明，远远望去比雪峰还要震撼人心。站在峰巅一览众山小的感觉的确非常爽，但漫山遍野的杜鹃花却在提醒我们终是要回去。绕了一圈，来到廷布，澎湃的热情还不曾消退，让灵魂都得到洗涤的纯美便扑面而来。这一刻便明白了不丹人的幸福。生活不是做梦，但生活中的梦却值得去邂逅与追寻，若不丹也无法让你驻足，那么还有哪个地方能够让你停留？

温馨提示

❶ 不丹政府对于国家的文化保护看得非常重要，在这里未经政府允许购买文物是违法的。

❷ 不丹人民朴实友好，但是不欢迎吸烟的人，所以千万不要将烟草带到不丹。在不丹某些场合吸烟是要罚款的。

100

冰岛
冰川上的漫步

高山、草地、冰原、苔原、冰川、雪湖、熔岩，冰岛就是一幅纵横交织的无瑕画卷。不需要青山水墨的点缀，也能渲染出最天然的奇幻与瑰丽。

关键词：蓝湖、熔岩迷宫、冰川、北极光

国别：冰岛
位置：隔丹麦海峡与格陵兰岛相望，接近北极圈

○ 融化的冰山汇成河流蜿蜒而下，游客正在记录这一美好瞬间

氤氲着爱尔兰风情的冰岛是个热情如火的国度。活跃的华南达尔斯火山在休眠期总是含情脉脉，黑色的高原与狭小的平原上，银白的冰川便是不泯的精致。

漫步冰川是一件美好的事情，雷克雅未克则是一切美好的开端。作为冰岛首都，被原始气息包裹的雷克雅未克却充斥着时尚的元素，蓝湖是无论如何也不能错过的远足第一站。黑得幽邃的火山岩、白得晶莹的湖岸、蓝得剔透的湖水，三种色彩融合着三种梦

绚丽多彩的北极光浩瀚、神秘，令人顿感人类渺小，宇宙无限

幻，清新的气息萦绕鼻尖，一切都显得太奇幻。

告别冰岛，温泉城的花花草草早就化成不愿被忘记的思念将你网住，或许这里并不是广寒胜境、天上宫阙，但这里却是最像月亮的地方。"冰岛金环"并不是每一个人都希冀的梦想，但斯卡夫塔费德国家公园无论如何都不容错过。

公园中没有茂密的丛林，有的只是一望无际的广袤平原，平原上偶尔有几个湖泊闪现，澄碧如镜，没有绿草。火山爆发后留下的熔岩以令人叹为观止的方式构建起了一座座精巧的熔岩迷宫。黑绿色的苔藓没有任何美感，但银白色的冰河却偏偏愿意成为它的陪衬。

来到冰岛，不看冰川似乎无论如何都说不过去，单单去看冰川又未免显得单调，所以，索斯莫克便在徒步者的呼唤中翩翩而至。这里的冰川在整个北欧都非常有名，若是耐力足够好，完全可以去冰川瞻仰一下它最壮美的身姿。冰川的蓝、山谷的绿、流云的白、山花的烂漫、溪流的碧在这里都能得到最完美的诠释。当然了，若是不习惯长途徒步，只

基尔丘山 3 条瀑布飞流而下，充盈着蜿蜒在山脚的清透溪流，组成一幅绝美的世外桃源图

想在索斯莫克山谷中来一次短距离的徒步，也没关系。山谷中那不大但飞珠溅玉的瀑布就够满足你了，瀑布边、青石上一朵朵的野花更让你有一种回归田园的错觉，若是幸运，深秋时分还能看到北极光。当北极光漫天时，无论你在哪里，那玫红色的光芒便是世界里的唯一。

怎么样？有没有想立即插上翅膀飞过去的冲动，如果有，就出发吧，冰岛正在等你。

温馨提示

① 冰岛的风很大，春天经常会下冰雹，携带帽子以及保暖衣物非常重要。

② 最佳游览时间为每年1月至3月、6月至9月，这里夏季的日照时间很长，而冬季日照时间则非常短，秋季和冬季偶尔还会见到极光。

本图书由北京出版集团有限责任公司依据与京版梅尔杜蒙（北京）文化传媒有限公司协议授权出版。

This book is published by Beijing Publishing Group Co. Ltd. (BPG) under the arrangement with BPG MAIRDUMONT Media Ltd. (BPG MD).

京版梅尔杜蒙（北京）文化传媒有限公司是由中方出版单位北京出版集团有限责任公司与德方出版单位梅尔杜蒙国际控股有限公司共同设立的中外合资公司。公司致力于成为最好的旅游内容提供者，在中国市场开展了图书出版、数字信息服务和线下服务三大业务。

BPG MD is a joint venture established by Chinese publisher BPG and German publisher MAIRDUMONT GmbH & Co. KG. The company aims to be the best travel content provider in China and creates book publications, digital information and offline services for the Chinese market.

北京出版集团有限责任公司是北京市属最大的综合性出版机构，前身为 1948 年成立的北平大众书店。经过数十年的发展，北京出版集团现已发展成为拥有多家专业出版社、杂志社和十余家子公司的大型国有文化企业。

Beijing Publishing Group Co. Ltd. is the largest municipal publishing house in Beijing, established in 1948, formerly known as Beijing Public Bookstore. After decades of development, BPG now owns a number of book and magazine publishing houses and holds more than 10 subsidiaries of state-owned cultural enterprises.

德国梅尔杜蒙国际控股有限公司成立于 1948 年，致力于旅游信息服务业。这一家族式出版企业始终坚持关注新世界及文化的发现和探索。作为欧洲旅游信息服务的市场领导者，梅尔杜蒙公司提供丰富的旅游指南、地图、旅游门户网站、App 应用程序以及其他相关旅游服务；拥有 Marco Polo、DUMONT、Baedeker 等诸多市场领先的旅游信息品牌。

MAIRDUMONT GmbH & Co. KG was founded in 1948 in Germany with the passion for travelling. Discovering the world and exploring new countries and cultures has since been the focus of the still family owned publishing group. As the market leader in Europe for travel information it offers a large portfolio of travel guides, maps, travel and mobility portals, Apps as well as other touristic services. Its market leading travel information brands include Marco Polo, DUMONT, and Baedeker.

DUMONT 是德国科隆梅尔杜蒙国际控股有限公司所有的注册商标。
DUMONT is the registered trademark of Mediengruppe DuMont Schauberg, Cologne, Germany.

杜蒙·阅途 是京版梅尔杜蒙（北京）文化传媒有限公司所有的注册商标。
杜蒙·阅途 is the registered trademark of BPG MAIRDUMONT Media Ltd. (Beijing).